Jean Dentinger

Wandern und Bummeln im Elsass

mit Zug, Bus, Tram, Fahrrad oder Auto

Mit Zeichnungen des Verfassers

Friedrich Reinhardt Verlag Basel/Berlin

Umschlagbild: Jean Dentinger, Basel

Die Deutsche Bibliothek – CIP-Einheitsaufnahme

Dentinger, Jean:
Wandern und Bummeln im Elsass mit Zug, Bus, Tram, Fahrrad und Auto / Jean Dentinger. – Basel ; Berlin : F. Reinhardt, 1990
  ISBN 3-7245-0696-1

3. Auflage 1996
8.–10. Tausend

Alle Rechte vorbehalten
© 1990 by Friedrich Reinhardt Verlag Basel/Berlin
Printed in Switzerland by Reinhardt Druck Basel
ISBN 3-7245-0696-1

Geleitwort des Verfassers

Die meisten heutigen Wanderführer richten sich an Autofahrer. Die Wanderungen beginnen an einem Parkplatz, in dessen Nähe weder Bahnhof noch Bushaltestelle vorkommt. Das heisst: Der Nichtautofahrer ist von vornherein ausgeschlossen. Das vorliegende Buch möchte mit den angebotenen Rundwanderungen sowohl den Benützern der öffentlichen Verkehrsmittel als auch den Autofahrern entgegenkommen.

Im südlichen *Sundgau* kann man weitgehend auf das Auto verzichten. Im ersten Wagen des *Trams Nr. 10,* das von Basel nach Rodersdorf fährt, ist Platz für Fahrräder. Ab *Leymen* und *Rodersdorf* sind reizvolle Wanderungen und Fahrradtouren möglich.

Ab *Basel (Schifflände)* fahren täglich Busse in die *Petite Camargue*. Mit dem Fahrrad oder Velo, wie man in der Schweiz und im Elsass sagt, erreichen wir ab Basel die *Rheininsel* über einen schönen breiten Weg entlang dem *Canal de Huningue*.

Mit dem Zug gelangen wir in 30 Minuten nach *Mulhouse,* in 50 nach *Colmar* und in anderthalb Stunden nach *Strassburg.* In nächster Nähe des Mülhauser Bahnhofes gibt es ein grünes Paradies. Von *Mulhouse* ist das *Ecomusée* schnell mit dem Bus zu erreichen. In *Strassburg* beginnt einige 100 Meter vom Bahnhof ein Grasweg am Ufer der Ill, der über mehrere Kilometer eine Schleife um den Stadtkern zieht und von welchem aus die wichtigsten Sehenswürdigkeiten in alternativer Weise erreicht werden können. Nicht weit von *Colmar* liegen so berühmte Orte wie *Egisheim* (6 km), die leicht mit dem Fahrrad zu erreichen sind. In Frankreich ist der Transport von Velos in regionalen Zügen gratis, und es gibt eine *Velo-Vermietung* in den wichtigsten Bahnhöfen.

Natürlich bietet das Buch viele Wanderungen zu so berühmten Stätten wie der *Hohkönigsburg* und der *Heidenmauer* auf dem *Odilienberg*. Meistens beginnen und enden sie in malerischen Orten, die selber kulturell und kulinarisch viel zu bieten haben. Nach den Strapazen des Tages soll sich der Wanderer erholen können bei guter Speise, Flüssigem und Kunst, die auch nicht überflüssig ist.

Jeder Wanderung sind eine Wanderskizze und eine Zeichnung beigefügt. Hinzu kommen wichtige Adressen und Telefonnummern. Da alle Anfahrten zu den Wandergebieten über vier Hauptorte führen, kann das Buch sowohl von Baslern, Baselbietern und ferneren Schweizern als auch von Elsässern und Bundesdeutschen verwendet werden.

Januar 1990   Jean Dentinger

Routen-Übersicht

1 **Rundwanderung von der Tramstation Leymen über die Burgruinen Waldeck und Landskron** 15

2 **Wie zu Albert Ankers Zeiten über St-Brice/St. Britzgi von Rodersdorf nach Leymen** 19

3 **Hinter dem Berg und Oltinger «Feldkirche»** 23

4 **Mit Tram und Velo in der Oltinger Gegend** 27

5 **Über die Pfirter Burgen zur Höhle der Zwerge** (ab Ferrette/Pfirt) 31

6 **Der östliche Teil des Glaserberges** (ab Blochmont) 35

7 **Der westliche Teil des Glaserberges und Morimont/Mörsperg** (ab Winkel) 39

8 **Die Petite Camargue, das Naturschutzgebiet vor Basels Toren** 43

9 **Mit dem Velo zur Rheininsel** (ab Basel) 48

10 **Vom Bahnhof Mulhouse direkt in die Sundgau-Hügel** 53

11 **Über Thanner Hubel und Hundsrücken** (ab Bitschwiller bei Thann) 57

12 **Von den runden Egisheimer Gässlein zu den drei «Egse»** 61

13 **Viele Bergbauerngasthöfe rund um den Kahlen Wasen** (Petit Ballon) 65

14 **Vom wildromantischen Wormsatal über Fischboedle, Gaschney und Braunkopf** (ab Metzeral) 69

15 **Über den Felsenpfad von der Schlucht zum Hohneck** 73

16 **Drei Burgen und Klösterliches in Ribeauvillé** 77

17 **Zur Königin der elsässischen Burgen** (ab St-Hippolyte zur Hohkönigsburg) 81

18 **Über Rebberge, Wälder und Burgen bei Dambach-la-Ville** .. 85

19	**Von Andlau bis Hohandlau, Spesburg und Hungerplatz**	91
20	**Am südöstlichen Hang des Odilienberges** (ab Barr)	96
21	**Klosterruine Niedermünster in der Waldeinsamkeit** (Odilienberg)	101
22	**Entlang der Heidenmauer auf dem heiligen Berg des Elsass**	105
23	**Strassburgische Rundwanderung auf naturbelassenen Wegen**	110
24	**Ein kleines Versailles** (ab Saverne)	116
25	**Auf den Spuren des Minnesängers Konrad Puller von Hohenburg beim Fleckenstein** (ab Lembach)	121

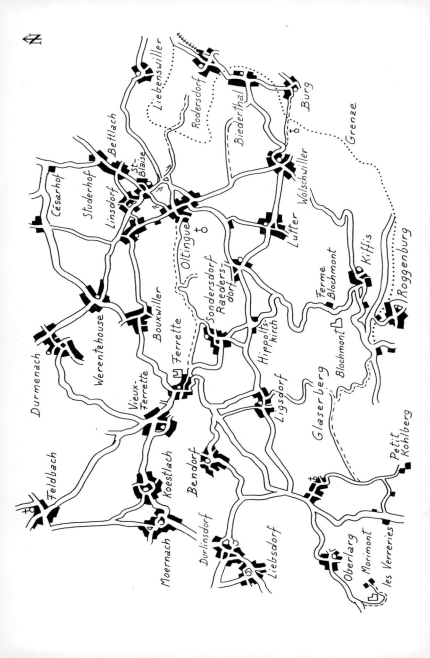

Wichtige Hinweise

Fahrten nach Leymen und Rodersdorf mit dem Tram Nr. 10
An einer Station des Trams Nr. 10 lösen wir eine Fahrkarte für eine Person und eine weitere Karte zu 2.20 Franken (Preis 1990) für das Velo. Spezielle «Velobillette» gibt es nicht; die Apparatur wird einfach auf 2 Franken und 20 Rappen eingestellt. Wir müssen in der Mitte des ersten Tramwagens einsteigen, denn nur hier ist Platz für Velos. Gegenüber der Eingangstür ist eine Sitzbank, die man hochklappt, so dass 8 Fahrräder an dieser Stelle aufgehängt werden können. Von der Basler Heuwaage erreicht man Rodersdorf in 33 Minuten. Das Tram fährt alle 20 bis 40 Minuten. *Auskunft BVB* (Basler Verkehrs-Betriebe): *Fahrplanauskünfte* Tel. 061-21 90 25, *Tarifauskünfte* Tel. 061-21 89 91. *Auskunft BLT (Baselland Transport)* Tel. 061-401 17 28

Eisenbahn und Velovermietung
Fahrplanauskünfte beim *Basler Bahnhof der SNCF* (Société Nationale des Chemins de fer français) Tel. 061-22 50 33
Velovermietung und -transport: In den Bahnhöfen der grösseren Orte des Elsass *(Mulhouse, Colmar, Sélestat, Strasbourg, Saverne)* können Sie Fahrräder mieten. Der Preis ist für einen ganzen Tag 40 FF, für einen halben 30 FF (Kaution 500 FF). Velos für alle Wege sind 10 FF teurer (gleiche Kaution).
Auskunft betreffend Velotransport: 061-21 34 17
In regionalen Zügen ist der Transport von Fahrrädern gratis. Für den Transport in Schnellzügen beträgt der Preis pro Fahrrad 23 SFr. (1990) für alle Strecken. In Schnellzügen müssen die Fahrräder im voraus verschickt werden.

Fahrt in die Petite Camargue
Täglich fahren Busse der Firma *Metro Cars* (St-Louis) von der Basler Schifflände zur *Kleinen Camargue* (Station: *Saint-Louis-la-Chaussée Carrefour Aéroport*). *Abfahrten Schifflände:* 8 h 30; 11 h 30; 14 h. *Abfahrten ab Carrefour Aéroport:* 12 h; 14 h 30; 17 h. *Auskunft:* Tel. 068-69 73 65 oder 068-69 75 61. Es ist gut, wenn Sie schon 5 Minuten vorher an der Station sind.

Telefonate an elsässische Adressaten
Das *Oberelsass* (Wandervorschläge 1 bis 16) hat andere Vorwahlnummern als das *Unterelsass* (Wandervorschläge 17 bis 25)
Ab Schweiz: Vorwahl für das Oberelsass 068, für das Unterelsass 003388
Ab Bundesrepublik Deutschland: Vorwahl für das Oberelsass 003389, für das Unterelsass 003388
Ab Frankreich: Vorwahl für das Oberelsass 89, für das Unterelsass 88

Hotels und Restaurants
Jedes Jahr erscheint eine Broschüre mit einer Liste der elsässischen Hotels, Restaurants und Bergbauerngasthöfe, die Sie gratis in elsässischen Verkehrsbüros erhalten. Sie finden darin wichtige Angaben (Telefonnummern, Öffnungszeiten, Komfort usw.). Wir stützten uns auf diese Liste.

Wichtige Karte für Auto- und Velofahrer:
Autokarte Michelin Nr. 87 (Alsace), sehr preisgünstig.

Erläuterungen

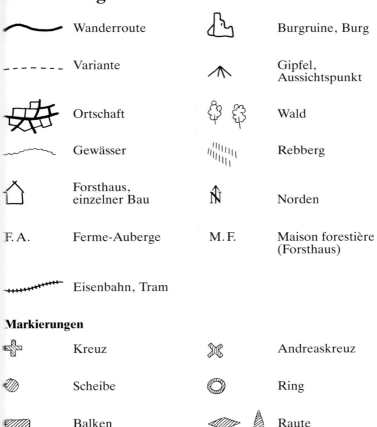

~ Wanderroute	Burgruine, Burg
- - - - - - Variante	Gipfel, Aussichtspunkt
Ortschaft	Wald
Gewässer	Rebberg
Forsthaus, einzelner Bau	Norden
F. A. Ferme-Auberge	M. F. Maison forestière (Forsthaus)
Eisenbahn, Tram	

Markierungen

Kreuz	Andreaskreuz
Scheibe	Ring
Balken	Raute

Neue Wege: Infolge der Forstwirtschaft entstehen gelegentlich neue Wege und «Holzschleifen», daher ist keine Wanderkarte vollständig. Die Holzschleifen sind oft leicht zu erkennen, zumal wenn sie fast in der Fallinie zu Tale führen. Damit etwaige neue Wege nicht missdeutet werden können, geben wir Gehzeiten an.
Die mitgeteilten *Gehzeiten* geben Grössenordnungen an, die unter- oder überschritten werden können.

Schreibung der Ortsnamen: Wir verwenden in der Regel die Ortsbezeichnungen, die auf den Wanderkarten und auf den Schildchen der Wanderwege geschrieben werden. Gelegentlich, vor allem bei geschichtlichen Exkursen, geben wir auch die alten, oft noch sehr geläufigen Bezeichnungen an. So schreiben wir von den *Grafen von Egisheim*. Deutschsprachige Leser sprechen bei Eguisheim (franz. Schreibart) oft das «u» aus, das im Französischen nur bedeutet, dass man das «g» wie im Deutschen aussprechen soll. Wir schreiben auch vom Strassburger und nicht vom Strasbourger Bahnhof, weil man im letzteren Fall das Wort teilweise französisch, teilweise deutsch aussprechen müsste, was die Sprachästheten schockieren könnte.

1 Rundwanderung von der Tramstation Leymen über die Burgruinen Waldeck und Landskron

Von der Station des Trams Nr. 10 in Leymen über die Ruine Waldeck, aufwärts nach Tannenwald, einem Ortsteil von Leymen. Nach einem Abstecher zur Landskron zurück nach Leymen.

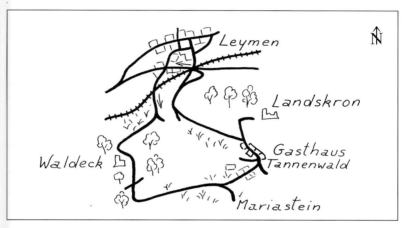

Für Wanderer, die ihre Kräfte schonen wollen, hat diese Wanderung den Vorteil, dass sie weder lang noch mühsam ist. Nach der längeren Steigung zum Ortsteil Tannenwald kann sinnvollerweise eine regenerierende Rast eingelegt werden, so dass die Kräfte noch für die letzte kleine Steigung zur Landskron reichen. Nachher lassen wir uns ohne grossen Aufwand durch die Schwerkraft zur Tramstation treiben.

Ausgangsort: Tramstation Leymen
Gehzeit: 2 Stunden
Weglänge: etwa 6 km
Höhenunterschied: etwa 200 m
Karten: Carte du Club Vosgien, *Mulhouse Ferrette* 1:50 000, *Landeskarte der Schweiz* 1:25 000, Blatt 1067

Verpflegung: Oben bei der Burg Landskron, im Ortsteil Tannenwald von Leymen, Restaurant *Au Chasseur*, Tel. 068-68 50 38 (Man sollte reservieren). Unten im Dorf: Restaurant *Au Landskron* (18, rue principale), Tel. 068-68 50 32. Falls Sie ab Basel mit Velo oder Auto anreisen: Hotel-Restaurant *Jenny* (Tel. 068-68 50 09) in Hagenthal-le-Bas; Restaurant *A l'Ancienne Forge* (Tel. 068-68 56 10) in Hagenthal-le-Haut.

Hin- und Rückreise: Tram Nr. 10 ab Basel und zurück.

Hinweise/Bemerkungen:
Leymen: Ein römischer Schatz von 80 Münzen, der um 1516 hier entdeckt wurde, spricht für eine frühe Besiedlung des Ortes. Im 13. Jh. trug eine Basler Familie den Namen des Dorfes. Im Dreissigjährigen Krieg wurde fast der ganze Ort durch einen Brand zerstört. Die heutige Kirche entstand 1898 im neugotischen Stil.

Man kennt das geteerte Strässlein, das die Tramstation Leymen mit dem Ortsteil *Tannenwald* verbindet. Manche wandern resigniert auf dem Strässlein, da sie keinen geeigneteren Wanderweg finden. Nur wenige Landskronspezialisten und Sachverständige wissen es besser und kennen die für Wanderer viel interessanteren Pfade, die von Leymen nach dessen Ortsteil Tannenwald führen, und die sich zu einer abwechslungsreichen Rundwanderung kombinieren lassen, wobei eine zweite Ruine, diejenige der *Burg Waldeck*, einbezogen werden kann. Ich schlage Ihnen diese Rundwanderung vor.

Wir verlassen die Station Leymen in gleicher Richtung wie das von Basel nach Rodersdorf fahrende Tram und bleiben auf der sanft abfallenden Hauptstrasse. Nachdem wir uns rund 300 m von der Station entfernt haben, beginnt links die *Rue du Waldeck*. Wir folgen ihr, überqueren die Geleise des Trams Nr. 10 und erreichen nach 600 m ab Hauptstrasse den Waldrand, wo sich der breite Weg gabelt. Wir halten uns rechts mit dem *blauen Dreieck*. So erreichen wir in einer ¼ Std. die Ruine Waldeck, die teilweise von einem breiten Graben umgeben ist. Die Burg (489 m ü. d. M.) aus dem 12. Jh. wurde 1356 durch ein Erdbeben zerstört und nie wieder aufgebaut.

Von der Ruine lockt uns das *blaue Dreieck* auf einen massvoll emporsteigenden Pfad, der nach 10 Min. einen breiten Weg kreuzt und dann in eine grosse, nicht bewaldete Fläche mit Wiesen und Feldern mündet. Wir gehen weiter aufwärts, dem Wald entlang bis in die Mitte der Wiese, wo wir nach links abbiegen. Der Weg, zuerst kaum erkennbar, wird mit jedem Schritt deutlicher. Rechts oben erblicken wir die Gebäude des Reitzentrums Heulenhof in Mariastein. An der nächsten Gabelung steigen wir aber nicht zu diesem Anwesen, sondern gehen links hinunter. Die Häuser auf der rechten Seite dieses Strässleins gehören staats- und steuerpolitisch zum Schweizer Ort *Flüh*, die Häuser auf der linken Seite zu *Tannenwald*, einem Anhängsel von Leymen.

Wo unser Strässlein auf einem Geländesattel flach wird, befinden wir uns etwa in der Mitte dieses abgelegenen Ortsteiles von Leymen. Nach links führt hier ein direktes Strässlein zur Dorfmitte

Blick auf Landskron

von Leymen. Wir lassen es links liegen und gehen weiter zum Restaurant *Au Chasseur*. Vor dem letzten Haus auf der linken Seite führt ein Weg mit *blauem Balken* zurück nach Leymen. Bevor wir diesen Weg nehmen, wandern wir weiter zur *Landskron* (540 m), deren Silhouette sich vor uns in den Himmel hebt.

Im 13. Jh., an dessen Beginn sie erstmals erwähnt wird, gehörte die Burg den Grafen von Röttelen. Sie wurde, wie übrigens viele Basler Bauten, durch das Erdbeben vom 18. Oktober 1356 stark beschädigt. Weil die Landskron 1515 unter Kaiser Maximilian I., dem «letzten Ritter», völlig umgestaltet wurde, findet man an ihr nicht die üblichen Merkmale mittelalterlicher Burgenarchitektur.

Nach dem dennoch lohnenden Besuch der Landskron kehren wir zum bereits notierten Weg mit *blauem Balken* zurück, auf dem wir uns zum Tal hinwenden. Nach etwa 15 Min. gelangen wir bei einer Steingrube auf die geteerte Strasse, die vom oberen Ortsteil *Tannenwald* in die Mitte von Leymen führt. Gleich sehen wir auf der rechten Seite dieser Strasse eine der Muttergottes geweihte Kapelle, bei der bis 1860 ein Einsiedler lebte. In einigen Minuten erreichen wir nun die Tramstation Leymen.

2 Wie zu Albert Ankers Zeiten über St-Brice/St. Britzgi von Rodersdorf nach Leymen

Von der Rodersdorfer Station des Trams Nr. 10 am Landgasthof Hirschen vorbei über den jungen Birsig und die Landesgrenze zum Bauerngasthof bei der Britzgi-Kapelle (St-Brice). Von hier über die Kapelle von Heiligenbrunn zurück nach Leymen.

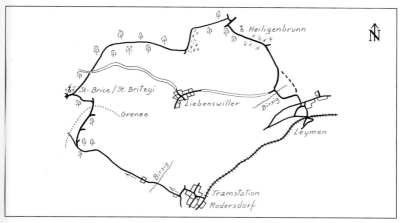

Mit Ausnahme der ersten 2 Kilometer und eines etwas kürzeren Schlussteiles führt diese Wanderung durch den Wald, der uns im Sommer angenehm erfrischen wird. Erfrischungen gibt es auch bei der Britzgi-Kapelle auf der Wiese neben dem Bauerngasthof. Diese Wanderung eignet sich daher vornehmlich für Sommerfrischler.

Ausgangsort: Tramstation Rodersdorf
Gehzeit: 3 Stunden
Weglänge: etwa 11 km
Höhenunterschied: etwa 130 m
Karten: Carte du Club Vosgien, *Mulhouse Ferrette* 1:50 000 (Auf dieser Karte fehlen Wege). *Landeskarte der Schweiz* 1:25 000, Blatt 1067

Verpflegung und Unterkunft: Bauerngasthof St-Brice im Wald zwischen Liebenswiller und Oltingue (geöffnet am Freitag, Samstag und Sonntag von Ende April oder Anfang Mai bis Ende Oktober)
Hin- und Rückreise: Tram Nr. 10 ab Basel bis Rodersdorf, zurück nach Basel ab Leymen

Hinweise/Bemerkungen:
Die auf einem Hügel neben einem Bauernhof sich erhebende *Britzgi-Kapelle* wird schon im Jahr 1285 erwähnt. Man nimmt an, dass sie am Ort einer heidnischen Kultstätte errichtet wurde. Im 15. Jh. war sie ein wichtiger Wallfahrtsort. Auf dem barocken Altar ist unter anderem die Krönung Mariä dargestellt. *Kapelle von Heiligenbrunn:* Sie ist am Waldrand nördlich von Leymen gelegen. Auf dem oberen Teil des barocken Altars ist die Schutzheilige Walpurga dargestellt, an deren Fest (1. Mai) eine Prozession zur Kapelle stattfindet.

Wir verlassen das Areal der Tramstation Rodersdorf und gehen abwärts zur Kirche und noch 200 m weiter in gleicher Richtung, um dann nach links abzuschwenken und nach den nächsten 150 m zum *Landgasthof Hirschen* zu gelangen, vor dem wir nach rechts abbiegen. Ein erst abschüssiges, gerades Strässlein führt uns von hier zum Waldrand. Vom Hirschen abgemessen erreichen wir nach 450 m den noch sehr jungen und schlanken Birsig, nach 700 m einen Bauernhof, nach 1,7 km den Waldrand und nach 2,1 km die Grenze.

Ab Grenze erreichen wir in 6 und 10 Min. 2 Weggabelungen, wo wir geradeaus bleiben, und nach 15 Min. sehen wir links einen Grenzstein. 80 m weiter, an der Pfadgabelung, gehen wir links (obwohl die Markierung fehlt). Nach weiteren 7 Min. erreichen wir die *Britzgi-Kapelle* (470 m). Wir umgehen die davor liegende Wiese auf deren linken Seite (wie immer vom Wanderer aus gesehen). So erreichen wir den Bauerngasthof. Er ist geöffnet von Ende April oder Anfang Mai bis Ende Oktober am Freitag, Samstag und Sonntag. *Sankt Britzgi* gehört zum Dorf *Oltingue/Oltingen*. Die Kapelle wird bereits 1285 erwähnt. Im 15. Jh. war sie eine Wallfahrtsstätte, die von einem Einsiedler betreut wurde.

Wir begeben uns zurück an die Stelle, wo wir die Wiese betraten, biegen aber jetzt nicht nach rechts, sondern gehen mit *gelber Raute* geradeaus in den Wald. Nach 80 m halten wir uns rechts. Ein langer schnurgerader Weg führt bis zu einer Rinne, die wir überqueren, um gleich links in einen breiten Waldweg abzuschwenken, auf dem wir zur nahen Strasse kommen. Wollte man mit der *gelben Raute* nach Leymen gehen, müsste man jetzt nach links in die Strasse einbiegen und dieser abwärts folgen, bis, nach 100 m, ein Weg rechts abzweigt. So wie der Weg markiert war, als ich ihn 1989 beging, könnte man sich verirren.

Ich schlage daher vor, die geteerte Strasse, die Oltingue mit Liebenswiller verbindet, einfach zu überqueren und, unsere Richtung beibehaltend, auf der anderen Seite dem breiten Waldweg zu folgen. Dieser zieht allmählich einen langen Rechtsbogen. Nach 2,2 km kurvt unser immer noch recht breitspurig verlaufender Weg spitzwinklig an einer links liegenden Wiese. Hier verlassen wir den Weg und gehen entlang der Wiese empor, um an deren oberem Ende nach rechts in den

Britzgi-Kapelle mit Bauerngasthof

Weg mit *gelber Raute* einzubiegen, den wir nun abwärts gehen. Bei der nächsten Wegspinne lesen wir: *Heiligenbrunn* 0,5 km, *Leymen* 2,5 km mit *blauem Balken* und *gelber Raute*. Wir biegen rechts in einen schlecht sichtbaren Pfad und gelangen bald auf einen breiten Waldweg, in den wir nach rechts einbiegen, um bereits nach 200 m links einen anderen, noch breiteren Waldweg abwärts zu gehen.

Wir kommen nun gleich an die *Kapelle von Heiligenbrunn*. Ihren Namen hat sie von der Quelle, die neben ihr sprudelt und die bei Augenleiden helfen soll, wie schon 1359 in einer Chronik zu lesen ist. Die Kapelle wurde wahrscheinlich am Platz einer alten heidnischen Kultstätte errichtet. Im Jahr 1359 wird sie erwähnt als Besitz der Herren Reich von Reichenstein. Der heutige Bau wurde 1682 fertiggestellt und 1975 restauriert. In der Mitte des barocken Altars ist Marias Himmelfahrt dargestellt. Wenn das Wetter am 1. Mai günstig ist, begeben sich die Gläubigen in einer Prozession von der Dorfkirche zur Kapelle, wo ein Messamt *(une messe)* zelebriert wird.

Von der Kapelle wandern wir auf breitem Weg Richtung Leymen und Burg Landskron, die wir auf dem Bergkegel über dem Dorf erblicken. Nach 600 m kurven wir nicht nach links, sondern gehen geradeaus weiter, erreichen nach einem weiteren Kilometer die Hauptstrasse, überqueren den Birsig und stehen vor den ersten Häusern von Leymen.

3 Hinter dem Berg und Oltinger «Feldkirche»

Von der Rodersdorfer Tramstation mit dem Fahrrad bis Oltingue (9 km). Von hier aus zu Fuss auf den bewaldeten Höhenzug westlich von Oltingue zum Sattel Hinter dem Berg, dann südöstlich zur Martinskapelle und schliesslich in nordöstlicher Richtung retour nach Oltingue. Rückfahrt mit dem Velo über St-Brice und Liebenswiller nach Leymen, eventuell mit Abstecher nach Bettlach.

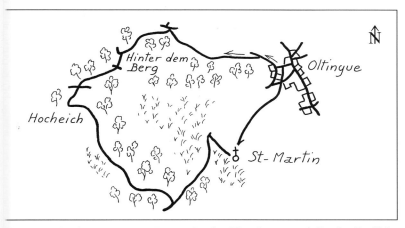

Die zwei Seelen in unserer Brust, die des Wanderers und die des Radfahrers, werden hier in ausgeglichener Weise auf ihre Rechnung kommen. In rund 30 Minuten gelangen wir mit dem Velo nach Oltingue, wo die Wanderung durch Felder und Wälder beginnt und endet. Mit einem Besuch im Bauernmuseum (Musée paysan) könnte man der Wanderung noch einen kulturellen Schluss- und Höhepunkt aufsetzen.

Ausgangsort: Tramstation Rodersdorf. Mit Velo bis Oltingue, wo die Wanderung beginnt.
Gehzeit: 2½ Stunden
Weglänge: 8 km
Höhenunterschied: 120 m
Karten: Carte du Club Vosgien, *Mulhouse Ferrette* 1:50 000 (Auf dieser Karte fehlen einige Wege). *Velokarte Basel Altkirch* 1:50 000, bei Kümmerly + Frey (vor allem für die Velostrecke). *Landeskarte der Schweiz* 1:25 000, Blatt 1067. *Autokarte Michelin* Nr. 87 (Alsace)
Verpflegung und Unterkunft: Der *Studerhof* (Hotel-Restaurant, Tel. 068-40 71 49) in Bettlach ist durch einen kleinen Abstecher ab St-Blaise erreichbar. Restaurant in

umgebautem Bauernhaus *(Aux Deux Clefs – D'Goldschlissele,* Tel. 068-40 76 60) in Bettlach. Restaurant in Oltingue *(L'Oltinguette,* Tel. 068-40 77 10). Zwischen Oltingue und Raedersdorf Hotel-Restaurant *Moulin de Huttingue,* Tel. 068-40 72 91. Restaurant in Wolschwiller *(Au Cygne,* Tel. 068-40 71 58)

Hin- und Rückreise: Tram Nr. 10 ab Basel bis Rodersdorf. Dann per Velo über Biederthal und Wolschwiller bis Oltingue (7,3 km). Rückreise mit Tram Nr. 10 ab Leymen

Hinweise/Bemerkungen:
In der Saison, vom 15. Juni bis zum 1. Oktober, ist das *Bauernmuseum* dienstags, donnerstags und samstags von 15 bis 18 Uhr sowie sonntags von 11 bis 12 Uhr und 14 bis 18 Uhr geöffnet. Ausserhalb der Saison kann man es nur sonntags von 14 bis 17 Uhr besuchen.
Am ersten Sonntag im September feiern die Oltinger ihr *Erntefest (Fête de la Moisson)* mit historischem Umzug und Szenen aus der Vergangenheit des Sundgaues.

Von Wolschwiller kommend radeln wir geradeaus durch das lang sich dahinziehende Dorf *Oltingue* bis zur Kirche, auf deren Areal wir einbiegen. Wir lassen das Velo oder das Auto auf der linken Seite der Kirche stehen. In gleicher Richtung weitergehend überqueren wir die *Ill* und biegen sofort nach rechts, vorerst dem Lauf der Ill und der *blauen Raute* folgend. Der Weg wendet sich allmählich nach links zum Wald, während man nach rechts eine schöne Aussicht auf die Ebene und Fislis geniesst. Bei der Gabelung nach 10 Min. (ab Start) halten wir uns links. Dort, wo ein Graben nach rechts schnurstracks in die Ebene zielt, biegen wir in den Wald nach links und gleich wieder nach rechts, so dass wir schliesslich parallel zum Waldrand wandern.

Rund 25 Min. nach unserem Start erreichen wir eine vierbeinige Wegspinne, bei einem Häuschen mit Bienenstöcken. Hier biegen wir spitzwinklig nach links auf einen breiten ansteigenden Weg, der sich gleich in spitzem Winkel nach rechts wendet. Wir gelangen in einer Viertelstunde zum Sattel *Hinter dem Berg* (500 m), wo wir der *blauen Raute,* die nach rechts zweigt nicht mehr folgen, sondern geradeaus gehen und bereits nach 100 m vor einer Gabelung mit Sitzbank stehen. Wir kurven nach rechts auf einen fast ebenen Weg.

8 bis 10 Min. später überqueren wir den langen, schnurgeraden breiten Waldweg, der Oltingue mit Sondersdorf und Ferrette verbindet. Von hier erreichen wir in einer Viertelstunde eine landwirtschaftlich genutzte Fläche mit Ausblick auf jurassische Hügellandschaft. Wenn dann nach weiteren 20 Min. der Waldweg nach rechts abschwenkt, biegen wir nach links auf den breiten Weg, der aufwärts zum Waldrand führt. Links vor uns weitet sich eine Wiese mit Obstbäumen und bald erblicken wir vor uns das Dorf *Ol-*

Martinskapelle mit Blick auf Oltingen, St-Blaise und Bettlach

tingue und im Vordergrund die Martinskapelle.

Wo, nach 15minutigem Abstieg, unser Weg eben wird, wenden wir uns spitzwinklig nach rechts zur Martinskapelle. Diese war früher die Kirche von Oltingen, Fislis, Lutter und vom verschwundenen Dorf Huttingen. Der Bau stammt aus dem 14. Jh., wurde aber im 19. Jh. umgestaltet. Fenster und Portal sind neugotisch. Innerhalb der Kapelle wurden neuerdings Fundamente einer älteren, kleineren Kapelle aus vorkarolingischer Zeit freigelegt sowie Gräber, die aus dem 8. Jh. stammen könnten. 1974 hatte man neben der Kapelle Fundamente von Häusern aus der Zeit zwischen dem 11. und dem 15. Jh. gefunden. Die hier ausgegrabenen Töpfereien und Küchengeräte sind im *Bauernmuseum (Musée Paysan)* zu *Oltingue* ausgestellt.

Vom Parkplatz vor der Martinskapelle sehen wir auf Oltingue. Bei der Gabelung am Rand des Parkplatzes gehen wir auf das Strässlein links, das uns über 1 km zur Oltinger Kirche zurückbringt. Kurz vor den ersten Häusern des Dorfes steht links ein einfaches Kreuz mit der Jahreszahl 1674. Vom Areal der Oltinger Kirche biegen wir nach links in die Hauptstrasse. 100 m weiter steht an der linken Strassenseite das

Bauernmuseum, ein Fachwerkbau mit Doppeltreppe zum Parterre und mit Galerie im ersten Stock.

Nach Abschluss der Wanderung fahren wir mit dem Velo (zweite Strasse rechts nach dem Bauernmuseum) über *St. Blaise* und *Liebenswiller* nach *Leymen.* Rund 3,5 km von Oltingue entfernt, am Waldrand, sehen wir rechts einen Parkplatz. Von hier wandert man in 5–10 Min. zur *Britzgi-Kapelle (Chapelle St-Brice)* mit Gasthof, die mitten im Wald an einer kleinen Wiese gelegen ist.

4 Mit Tram und Velo in der Oltinger Gegend

Von der Rodersdorfer Station des Trams Nr. 10 mit dem Fahrrad über Burg, Nepomuk-Kapelle und Wolschwiller nach Oltingue. Von hier über St-Blaise nach Rodersdorf.

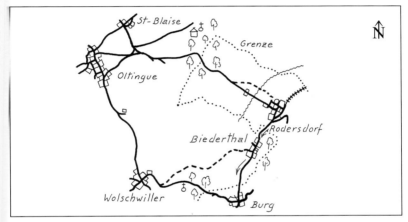

Viermal wird bei dieser Radtour die französisch-schweizerische Grenze überquert. Anstrengend ist nur der Teil am Anfang zwischen Biederthal und Burg, den wir zum Glück noch in unverbrauchter Frische angehen. Nach einer etwas holperigen Abfahrt auf einem Waldweg kommen ruhigere Zeiten auf geteerter Unterlage, zuletzt auf einem sehr ruhigen Strässlein, das St-Blaise mit Rodersdorf verbindet.

Ausgangsort: Tramstation Rodersdorf
Fahrzeit Velo: 1½–2 Stunden
Weglänge: 16 km
Höhenunterschied: 150 m
Karten: Carte du Club Vosgien, *Mulhouse Ferrette* 1:50 000 (Auf dieser Karte fehlen einige Wege). *Velokarte Basel Altkirch* 1:50 000, bei Kümmerly + Frey (vor allem für die Velostrecke). *Landeskarte der Schweiz* 1:25 000, Blatt 1066. *Autokarte Michelin* Nr. 87 (Alsace)
Verpflegung und Unterkunft: Der *Studerhof* (Hotel-Restaurant, Tel. 068-40 71 49) in Bettlach ist durch einen kleinen Abstecher ab St-Blaise erreichbar. Zwischen Oltingue und Raedersdorf Hotel-

Restaurant *Moulin de Huttingue*, Tel. 068-40 72 91. 1 Restaurant in Oltingue *(L'Oltinguette,* Tel. 068-40 77 10). 1 Restaurant in Wolschwiller *(Au Cygne,* Tel. 068-40 71 58)

Hin- und Rückreise: Tram Nr. 10

Hinweise/Bemerkungen:
Oltingue: Siehe unter Ausflug Nr. 3
Bettlach: Der Ort entwickelte sich entlang einer römischen Strasse. Vom oberen Teil des Dorfes geniesst man eine schöne Aussicht auf den Jura mit dem länglichen Raemmelsberg (Remel) im Süden (830 m).

Von der Tramstation in Rodersdorf radeln wir 1 km ins elsässische Dorf Biederthal (420 m), das einst den Reichs von Reichenstein gehörte. Die Herren von Biederthal residierten in *Burg.* Dorthin fahren wir jetzt auf einer zügig steigenden Strasse, die uns wieder über die Grenze bringt, vorbei am *Gasthaus Bad Burg.* In Burg, an der Strassenkreuzung mit Brunnen und Milch-Halle, fahren wir rechts hoch (Richtung Remelpass). Die Strasse ist dermassen steil, dass nicht nur Durchschnittsvelofahrer es vorziehen werden, ihr Fahrrad zu schieben. So erreichen wir einen Platz mit zentralem Brunnen. Hier schwenken wir nicht nach rechts abwärts, sondern wandern halbrechts auf einer vorerst fast ebenen Strasse mit Blick nach rechts zurück auf Biederthal und Rodersdorf. Nach 100 m steigt die Strasse während 250 m bis zu einer eingezäunten Wiese, an deren rechtem Rand wir abwärts steuern.

Etwa 200 m weiter, unterhalb einer Gruppe moderner Gebäude, biegen wir mit der *gelben Raute* rechts in den Wald. Der Weg ist hier für normale Fahrräder etwas holperig, so dass Velofahrer, die ihr Rückgrat schonen möchten, es zeitweise vorziehen werden, abzusteigen. Nach 750 m dieser mehr oder weniger holperigen Fahrt erhebt sich auf der linken Seite des Weges die *Nepomuk-Kapelle (Chapelle de Saint Jean Népomucène).* Wo sich hier Wiese und Wald begegnen, unter Eichen und Buchen, warten Tische und Feuerstellen auf die Wanderer.

Die Kapelle wurde im 17. Jh. an der Stelle des im 15. Jh. verschwundenen Dorfes Dieperswiler erbaut. Sie wurde 1793, während der französischen Revolution, zerstört und 1820 wieder aufgebaut. Die frühere Wallfahrtsstätte war zugleich eine Einsiedelei. Ab Kapelle sind es 700 m talwärts bis zur Strasse, die links ins Dorfzentrum von *Wolschwiller* führt.

Die Bauern von Wolschwiller waren einst keine Muster von Gefügigkeit. Während des Dreissigjährigen Krieges war die Gemeinde das Zentrum des Aufstandes gegen die Schweden. Zwei Einwohner wurden während der Französischen Revolution enthauptet; sie hatten teilgenommen am Gottesdienst eines Priesters, der nicht auf die neue Verfassung geschworen hatte.

Bei der grossen Strassenkreuzung in der Mitte von Wolschwiller fahren wir nach rechts Rich-

Musée Paysan (Bauernmuseum) in Oltingue/Oltingen

tung *Oltingue/Oltingen* (4 km). Wir radeln etwa 1 km auf der Hauptstrasse durch das sich endlos dahinziehende Dorf *Oltingue,* bis zur Kirche, in deren Nähe sich das Rathaus und das *Bauernmuseum (Musée Paysan)* befinden. Das Bauernmuseum liegt an der Hauptstrasse, 50 m nach dem Areal der Kirche.

Vom Museum radeln wir weiter und biegen in die zweite nach rechts abzweigende Strasse (Richtung St-Blaise, Bettlach), die uns nach *St-Blaise* (1,2 km) bringt, wo wir entweder einen Abstecher nach Bettlach machen oder gleich nach rechts abbiegen. 800 m weiter, wo die Strasse rechtwinklig nach links abbiegt, radeln wir geradeaus weiter auf ein Strässlein, das sich gleich gabelt. Wir halten uns links und erreichen nach 1,8 km den Waldrand, wo links ein Waldweg in 15 Min. (zu Fuss) nach *St. Britzgi/St-Brice* führt. Wir bleiben auf dem geteerten Strässlein, das uns zur Grenze bringt.

Nach der Grenze fahren wir in gleicher Richtung weiter und erreichen nach 400 m den Waldrand, wo sich ein kurzes Verweilen lohnt. Wir sehen vor uns die

Ruine Landskron, rechts davon den Ort Rodersdorf, den wir nun ansteuern. Nach 1 km erreichen wir einen vom Strässlein aufgeteilten Bauernhof. 250 m weiter überqueren wir den jungen *Birsig,* um dann nach weiteren 450 m den *Landgasthof Hirschen* zu erreichen. Hier biegen wir nach links und 150 m weiter nach rechts zur Kirche hin. Nun steigen wir schnurgerade hoch bis zum Areal der Station Rodersdorf, der, nota bene, ein Restaurant angehängt ist. Alle 20 bis 40 Min. fährt ein Tram Nr. 10 nach Basel.

5 Über die Pfirter Burgen zur Höhle der Zwerge

Von Ferrette/Pfirt zu Fuss über die zwei Burgruinen des Schlossberges zur Grotte der Zwerge, dann zur Heidefluh und zum Loechlefelsen. Zurück nach Ferrette über das Unterschloss.

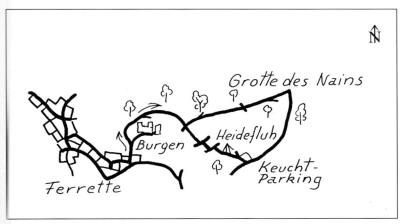

Die Höhepunkte der Wanderung sind: die zwei Burgruinen, riesige Felsengebilde aus Kalkstein und, in tiefster Schlucht, die Grotte der Zwerge (Erdwibele). Die Wanderwege in Tälchen, Schlucht, entlang von Felsen, an Hängen und auf Kämmen bringen viel Abwechslung in diese Wanderung.

Ausgangsort: Mit Velo ab Tramstation Rodersdorf bis Ferrette/Pfirt, wo die Wanderung beginnt
Gehzeit: 2½ Stunden
Weglänge: 7 km
Höhenunterschied: etwa 150 m
Karten: Carte du Club Vosgien, *Mulhouse Ferrette* 1:50 000 (Auf dieser Karte fehlen Wege). *Velokarte Basel Altkirch* 1:50 000, bei Kümmerly + Frey (vor allem für die Velostrecke). *Landeskarte der Schweiz* 1:25 000, Blatt 1066. *Autokarte Michelin* Nr. 87 (Alsace)
Verpflegung und Unterkunft: 2 Hotels-Restaurants und 3 Restaurants in Ferrette. 1 Hotel-Restaurant *(Auberge Paysanne,* Tel. 068-40 71 67) in Lutter. 1 Restaurant in Wolschwiller *(Au Cygne,* Tel. 068-40 71 58). Zwischen Oltingue und Raedersdorf Hotel-Restaurant *Moulin de Huttingue,* Tel. 068-40 72 91. 1 Restaurant in Oltingue *(L'Oltinguette,* Tel. 068-40 77 10).

Der *Studerhof* (Hotel-Restaurant, Tel. 068-40 71 49) in Bettlach ist durch einen kleinen Abstecher ab St-Blaise erreichbar.
Hin- und Rückreise: Tram Nr. 10 ab Basel bis Rodersdorf. Dann mit Velo über Oltingue, Fislis und Bouxwiller bis Ferrette (15,5 km). Rückreise über Sondersdorf, Hippoltskirch, Raedersdorf, Lutter, Wolschwiller und Biederthal nach Rodersdorf (15 km).

Hinweise/Bemerkungen:
Ferrette/Pfirt: Das Rathaus, im Stil der rheinischen Renaissance, entstand im 16. Jh. Über dem Tor erkennt man rechts das Wappen der Grafen von Pfirt (2 Fische), links dasjenige der Habsburger. In diesem Bau ist auch das Verkehrsbüro untergebracht.
Pfirter Kirche: Der gotische Chor stammt aus dem 13. Jh., ein Teil des Turmes aus dem 12. Jh. Das neugotische Schiff wurde erst 1914 eingeweiht.
Feldbach: 6 km nordwestlich von Ferrette. Sie können mit dem Velo noch einen Abstecher zur dortigen romanischen Kirche mit karolingischem Grundriss machen.

Der Ausgangsort unserer Wanderung, das Städtchen Ferrette/Pfirt, liegt zwischen Rossberg und Schlossberg im engen Tal des Katzenbaches. Das Ortsbild wird beherrscht vom erstmals 1105 erwähnten *Oberschloss Hohenpfirt* (613 m) und vom etwas tiefer liegenden *Unterschloss,* das im 14. Jh. hinzukam. Der Ort war früher Sitz der Grafen von Pfirt, die den Sundgau regierten. Als 1324 Johanna, die letzte Gräfin von Pfirt, den Herzog von Österreich, Albrecht II., heiratete, fiel die Grafschaft an die Habsburger, deren elsässische Besitzungen 1648 Hoheitsgebiet des französischen Königs wurden.

Wie ihr Name ahnen lässt, führt die *Rue du Château,* diese stark steigende Hauptstrasse des Städtleins Pfirt, zu den Burgruinen des Schlossberges. Wenn wir, aufsteigend, fast das *Hotel-Restaurant Felseneck* erreicht haben, gehen wir links in die *Rue Saint-Bernard,* von der wir (100 m weiter) spitzwinklig nach links zum *Unteren Tor* abbiegen *(Porte basse* aus dem 16. Jh.). Die Markierung *gelbe Scheibe* führt zu beiden Burgruinen.

Nach Besuch der Ruinen heisst unser nächstes Ziel: *Grotte des Nains (Höhle der Zwerge).* Beim unteren Schloss folgen wir dem *blauen Balken* (Richtung *Loechlefelsen, Heidefluh, Grotte des Nains).* Wir kommen an eine Gabelung, gehen mit *gelbem Balken* links abwärts und gelangen so in ein enges Tälchen, wo wir in den breiten Weg nach links *(Sentier Hélène)* einbiegen. Der Weg gabelt sich nach 2 Min. Wir halten uns rechts und bleiben immer auf dem breiteren Weg, der uns fast 10 Min. später einen weiten Ausblick auf den Sundgau und die Südvogesen gewährt. Fünf Minuten später kommen wir an eine Wegspinne, die wir geradeaus überqueren, wobei wir uns an den *gelben Bal-*

Ferrette/Pfirt

ken halten. Von hier gelangen wir auf einem Pfad in 3 Min. an eine Gabelung, wo der eine Pfad nach oben zum *Plateau des Nains* (dem Felsen, der die Höhle der Zwerge überragt) oder Erdwibelefelsen (610 m) hochsteigt, während der andere, den wir begehen, in die Tiefe der Höhle führt.

Ab hier folgen wir dem *blauen Balken* (Richtung Ferrette, Haute Ville) und gelangen in 12 Min. zu einem sogenannten *Parking de la Keucht* (nicht für Autos) bei einer Wegspinne. Wir wenden uns hier nach rechts, als wollten wir hier parken, überqueren den «Parkplatz» und gehen in gleicher Richtung weiter. 100 m nach dem Parking steigen wir links auf einen Pfad, der mit *blauem Balken* zur *Heidefluh* (640 m) emporführt, wo Bänke, Tische und gemauerte Feuerstellen der hungrigen Wanderer harren. Nach Genuss der umfassenden schönen Aussicht über den Sundgau betreten wir den mit *blauem Dreieck* und *blauem Balken* markierten Pfad zum wegen seiner Löcher so genannten Loechlefelsen (582 m) und zum Schloss.

In einigen Min. überqueren wir erst einen Pfad, dann einen breiteren Weg (beide Male 20 m nach links verschoben), der zu Pfirts

33

Kasernen der Gendarmerie führt. Hier könnten wir direkt nach Ferrette eilen. Aber wir bleiben unserer Richtung, dem *blauen Balken,* treu, gelangen zum *Loechlefelsen* mit Blick auf die Pfirter Kasernen und, von hier aus absteigend, zum oben erwähnten engen Tälchen. Auch hier können wir nach links abkürzen und auf breitem Weg in Ferrette einmarschieren. Wir können aber auch den Weg über das untere Schloss nehmen, der uns bereits als Hinweg gedient hat.

6 Der östliche Teil des Glaserberges

Von der Strasse unterhalb des Blochmont, wo wir Velo oder Auto abstellen, zur Ruine Blochmont. Dann über Steinerhof und Hornishof zum Neuneich-Sattel. Von hier aus aufwärts zum östlichen Kamm des Glaserberges und nach längerer Wanderung auf dem Kamm Abstieg zum Ausgangspunkt.

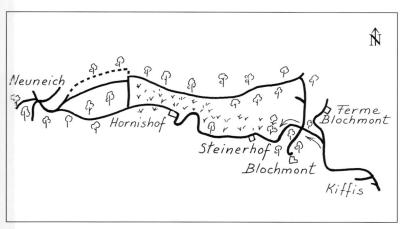

Wir wandern abwechselnd durch Wiesen und Wälder, zu einer Burgruine und an Bauernhöfen vorbei. Glücklicherweise (etwa mitten in der Wanderung) treffen wir auf den gut eingerichteten Rastplatz des Neuneich-Sattels mit Bänken, Tischen und Feuerstellen.

Ausgangsort: Mit Velo ab Tramstation Rodersdorf bis Blochmont. Wanderung ab Strasse unterhalb von Blochmont (1,2 km nordwestlich von Kiffis).
Gehzeit: 3 Stunden
Weglänge: etwa 9 km
Höhenunterschied: etwa 150 m
Karten: Carte du Club Vosgien, *Mulhouse Ferrette* 1:50 000 (Auf dieser Karte fehlen einige Wege). Velokarte *Basel Altkirch* 1:50 000, bei Kümmerly + Frey (vor allem für die Velostrecke). *Landeskarte der Schweiz* 1:25 000, Blatt 1066. *Autokarte Michelin* Nr. 87 (Alsace)
Verpflegung und Unterkunft: 1 Hotel-Restaurant (Auberge du Jura, Tel. 068-40 33 33) und 1 Restaurant (*Aux Forges/Hammerschmiede*, Tel. 068-40 33 06) in Kiffis. 1 Restaurant (*Au Cygne*, Tel. 068-40 71 58) in Wolschwiller.

1 Hotel-Restaurant (*Auberge Paysanne,* Tel. 068-40 71 67) in Lutter
Hin- und Rückreise: Tram Nr. 10 ab Basel bis Rodersdorf, dann Velo bis Blochmont (12 km). Auto bis Blochmont (1,2 km nordwestlich von Kiffis)

Hinweise/Bemerkungen:
Kiffis: Der Ort liegt nördlich von der Lucelle, die hier als Grenze zwischen Frankreich und der Schweiz fungiert und die etwa zwei Kilometer weiter dieses Amt aufgibt, um sich für Kleinlützel und schweizerisches Hoheitsgebiet zu entscheiden.
Burgruine Blochmont: Nach der schweren Beschädigung durch das Erdbeben im Jahre 1356 wurde die Burg wieder aufgebaut, um bereits 1449 endgültig zerstört zu werden.

Von der Endstation des Trams Nr. 10 in Rodersdorf fahren wir mit dem Velo über Biederthal und Wolschwiller rund 10 km bis *Kiffis* (575 m ü. d. M.), wobei starke Steigungen zu überwinden sind. Das Dorf Kiffis, südlich vom *Blauenberg* (680 m) gelegen, grenzt an die Schweiz. Bis 1871 gingen die Kinder von Kiffis in der Schweiz zur Schule.

Am westlichen Ende von Kiffis kurven wir nach rechts Richtung Raedersdorf und Ferrette. Wir fahren etwa 1 km aufwärts, bis (kurz vor dem höchsten Punkt der Steigung) ein Waldweg nach links abzweigt. 550 m vor uns liegt der Blochmont-Bauernhof. Anstatt bis dorthin weiterzufahren, biegen wir links ein und lassen das Velo oder das Auto gleich am Anfang des breiten Waldweges stehen.

Wir wandern nun 300 m auf dem breiten Waldweg, bis ein kleinerer Weg rechts hochsteigt. Dies ist der Weg, der uns am Abend zurückbringt. Ihm gegenüber liegt eine Wiese, über die wir den Waldrand erreichen. Hier führt ein Weg schräg nach rechts am bewaldeten Bergkegel hoch. Später, wo er in eine Wiese mündet, ist er kaum sichtbar. Wir gehen immer in gleicher Richtung um den Berg unterhalb des Waldes und kommen so schnell zum Eingang eines Burggrabens.

Vor uns erhebt sich der Kegel (685 m), der einst die *Burg Blochmont* trug, von der nur noch spärliche Mauerreste übrig sind. Die Stelle, an der römische Münzen gefunden wurden, soll schon in der Steinzeit bewohnt gewesen sein.

Nach Besichtigung des ruinösen Kegels gehen wir den Weg, den wir gekommen sind wieder zurück bis zum erwähnten kleineren Weg, der uns am Abend zurückbringen wird. Hier wenden wir uns nach links Richtung *Steinerhof, Hornishof* und *Neuneich (rotes Andreaskreuz).* Nach 0,9 km erreichen wir den *Steinerhof,* und nach weiteren 1,1 km den *Hornishof.* Diesen umgehen wir erst auf der rechten, dann auf der hinteren Seite. Es werden auf diesem Hof Pferde gezüchtet. Dem *roten Andreaskreuz* folgend, gelangen wir in 30 Min. (2 km) zum *Neuneich-Sattel (Col des Neuneich,* 729 m),

Burg Blochmont vor ihrer Zerstörung

einem Rastplatz mit Hütte, Tischen, Bänken und drei gemauerten Feuerstellen, an denen man Schweizer Klöpfer oder französische Cervelats braten kann. Schildchen mit Skilangläufern zeigen uns an, dass hier die breiten Waldwege im Winter gelegentlich zu Loipen werden.

Von *Neuneich* gehen wir erst 50 m bergan den Weg, den wir eben gekommen sind, biegen dann aber nach links (Richtung Blochmont). *Achtung:* Bereits nach 200 m, am Ende der ersten Kurve, steigen wir auf einem kaum sichtbaren Weg hoch und bewegen uns fortan am linken Rande des Kammes. Nach 20 Minuten erreichen wir eine Wiese. Wir müssen uns auch weiterhin am linken Rande des Kammes bewegen, während wir rechts die Blicke über Wäldchen und Wiesen ins Tal der *Lucelle* gleiten lassen. Immer ungefähr auf geradem Weg dringen wir in den Wald. Bei einem Bunker sehen wir unter uns, in der Tiefe, den *Blochmont-Bauernhof* und beginnen recht steil abzusteigen. Wo wir auf einem flachen Teil auf einen anderen Bunker stossen, biegen wir mit *rotem Andreaskreuz* nach rechts Richtung *Blochmont*. Unser Pfad führt aus dem Wald und gleich auf einen breiteren Weg, den wir talwärts gehen. So erreichen wir in wenigen Minuten den breiten Weg, auf dem unser Velo beziehungsweise unser Auto wartet.

Falls wir mit der Zeit knapp sind, benützen wir die gleiche Strasse wie bei der Anreise. Im anderen Falle fahren wir über den Blochmont-Bauernhof, Raedersdorf, Lutter, Wolschwiller und Biederthal bis Rodersdorf, im ganzen rund 14 km. Auf der Strecke zwischen dem Blochmont-Bauernhof und Raedersdorf bietet sich unseren beglückten Blicken eine sehr weite Aussicht über die anmutig hügelige Landschaft um das Illtal.

7 Der westliche Teil des Glaserberges und Morimont/Mörsperg

Von Winkel, wo die Ill entspringt, um den Kilberg, dann nach Osten zum Neuneich-Sattel in der Mitte des ostwestlich gerichteten Glaserberges. Zurück nach Westen über den Bauernhof des Grossen Kohlberges und Abstieg nach Winkel.

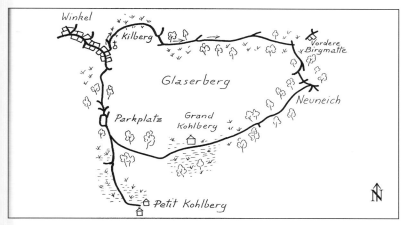

Dieses rund 700 m hohe Paradies für Skilangläufer mit seiner «Ferme-Auberge du Petit Kohlberg» (Bauerngasthof) ist auch sehr geeignet für Wanderungen. Nach einem massvollen Auf und Ab durch Wiesen und Wälder bewältigen wir einen steilen Aufstieg und rasten verdientermassen am Neuneich-Sattel. Der gemütliche Rückweg eignet sich für die Verdauungsphase.

Ausgangsort: Mit Velo ab Tramstation Rodersdorf bis Winkel (565 m). Wanderung ab Winkel
Gehzeit: 3 Stunden
Weglänge: etwa 10 km
Höhenunterschied: etwa 150 m
Karten: Carte du Club Vosgien, *Mulhouse Ferrette* 1:50 000 (Auf dieser Karte fehlen einige Wege). *Velokarte Basel Altkirch* 1:50 000, bei Kümmerly + Frey (vor allem für die Velostrecke). *Landeskarte der Schweiz* 1:25 000, Blatt 1066. *Autokarte Michelin* Nr. 87 (Alsace)

Verpflegung und Unterkunft:
1 Restaurant *(Au Bœuf d'Or,* Tel. 068-40 85 37) in Winkel. *Ferme-Auberge du Petit Kohlberg* (Bauerngasthof), das ganze Jahr geöffnet, nur nicht freitags und im Februar, Tel. 068-40 85 30. 1 Restaurant *(Au Cygne,* Tel. 068-40 71 58) in Wolschwiller. 1 Hotel-Restau-

rant *(Auberge Paysanne,* Tel. 068-40 71 67) in Lutter
Hin- und Rückreise: Tram Nr. 10 ab Basel bis Rodersdorf, dann Velo über Biederthal, Wolschwiller, Lutter, Raedersdorf und Ligsdorf bis Winkel (17 km). Auto bis Winkel

Hinweise/Bemerkungen:
Winkel: Auf dem Gebiet des Dorfes entspringen verschiedene Quellen, zu denen auch die Quelle der Ill gehört. Schon am Ende des Dorfes verschwindet das Wässerlein im Boden und erblickt erst wieder in Ligsdorf das Licht des Tages.

Von Rodersdorf bis Winkel sind es rund 17 km über die Orte Biederthal, Wolschwiller, Lutter, Raedersdorf, Hippoltskirch und Ligsdorf. Wegen dieser relativ langen Anreise wird der an dieser Wanderung interessierte Leser in der Regel das Auto als Transportmittel zum Wandergebiet vorziehen. Der Ausgangsort unserer Wanderung, das Dorf *Winkel,* wo die Ill entspringt, gehörte bis zur französischen Revolution zum Bistum Basel, wurde dann 1802 dem Bistum Strassburg unterstellt.

Wo wir, von *Ferrette/Pfirt* kommend, im Dorf Winkel an der breitangelegten Kreuzung mit Brunnen und Wirtshaus *Au Bœuf d'Or* anlangen, fahren wir nach links, an der Kirche (Parkplatz) vorbei, bis (600 m weiter) die Strasse rechtwinklig nach rechts hochsteigt.

Wir begeben uns hier in die links abzweigende *Kapell-Gasse (Rue de la Chapelle),* die bald nach links kurvt. An der Weggabelung vor der *Kapelle* gehen wir rechts hoch, dem *blauen Dreieck* folgend. Nach links lassen wir die ästhetisch beglückten Blicke über das Tal der Ill schweifen, umgehen in einem langen Rechtsbogen den *Kilberg* (647 m ü. d. M.), bis

wir, wie in einer Bucht, zu einer U-förmigen Linkskurve gelangen. Von hier aus steigen wir auf einen nach rechts abzweigenden Weg. Wir gehen aufwärts zu einem kleinen «Pass» und gleich weiter abwärts, bis zu einem breiten Talweg, in den wir nach links einbiegen.

Wir bleiben nun rund 7 Min. auf diesem Weg, der sich vorerst entlang einer rechts liegenden, nach innen gewölbten Wiese sanft und geradlinig emporarbeitet. Wo wir auf die spitzwinklige Kurve eines breiten Waldweges stossen, gehen wir rechts abwärts. Wir bleiben jetzt länger auf dem gleichen Berghang, auf dem wir schräg abgleiten, und sehen vor uns in der Ferne mehrere Häuser der *Vorderen Birgmatte,* während sich rechts die überragende Masse des *Glaserberges* erhebt.

Fast am Ende einer Wiese angelangt, gabelt sich unser Weg. Wir gehen rechts hoch, wechseln also den Hang, wandern kurz im Wald und gleich wieder auf einer Wiese. Am Kamm der Wiese angelangt, informiert uns ein Täfelchen, dass der *Neuneich-Sattel* mit *blauem Kreuz* in 1,2 km zu erreichen ist. Wir gehen also hier (gemäss Täfelchen) rechts hoch, bis sich nach 10 Min. unser breiter Waldweg in

Die Quellfee und Mathilde von Mörsperg

zwei Wege etwa gleichen Kalibers gabelt. Der rechte ist der richtige. 200 m weiter verlassen wir den breiten Waldweg für einen nach links stark steigenden Weg, der sich nach einigen Minuten verengt. Wir gehen praktisch in der Fallinie am Berg hoch und überqueren einen Waldweg. Ab hier läuft unser Pfad zwischen Buchen schräg am Hang hoch. In einigen Minuten erreichen wir den Kammweg und, hier nach links einbiegend, in mehreren Dutzend Schritten den *Neuneich-Sattel* (729 m), wo eine Hütte, Tische, Bänke und Feuerstellen zur Pause einladen.

Ab Neuneich führt ein vorerst noch flacher, breiter Waldweg mit blauer Scheibe zum Bauernhof des *Grossen Kohlbergs* (2,1 km). Rund 1 km nach *Neuneich* biegen wir nicht in den links abzweigenden Weg Richtung *St-Pierre,* sondern wandern 1 km weiter zum Bauernhof des *Grossen Kohlberges,* der einsam zwischen Feldern und Wiesen liegt. Wir wandern vor dem Bauernhof vorbei und erreichen nach 1,4 km die Strasse, die von Winkel zum *Bergbauerngasthof des Kleinen Kohlberges* (Petit Kohlberg) führt (1,3 km).

Wir biegen nach rechts in diese Strasse, gehen gleich an einem rechtsliegenden kleinen Parkplatz vorbei und erreichen nach 300 m ein viel grösseres Parkareal (724 m). Bei den Schildern mit Markierungen verlassen wir halblinks die Strasse, von welcher sich unser Weg allmählich entfernt. Nach einigen Minuten und nach Nichtbeachtung eines Weges links und eines Weges rechts, lotst uns ein halbrechts abwärts führender Weg mit *rotem Andreaskreuz* nach Winkel. Schon sehen wir das Dorf im Tal. Wo wir auf ein gewelltes Plateau mit Wiese stossen, müssen wir nach rechts abbiegen. Nach ein paar hundert Metern sind wir auf der Strasse, die uns abwärts ins Dorf zu unserem Ausgangspunkt führt.

Dieser Wanderung könnte man noch einen kleinen Abstecher zur Burgruine *Morimont/Mörsperg* anhängen. Die relativ gut erhaltene und schön gelegene Ruine, die zur Zeit (1990) restauriert wird, liegt nur 5,5 km von Winkel entfernt. In westlicher Richtung fahrend, erreichen wir nach 2,5 km das Dorf *Oberlarg* und nach 2 weiteren Kilometern einen links abzweigenden breiten Weg, in den wir einbiegen (keine Markierung, Stand 1990). Nach 750 m kurven wir nach links und halten uns an der nächsten Gabelung auch links. So erreichen wir den bereits vor uns aufgetauchten Bauerngasthof (ab Mitte 1990 mit elsässischen Spezialitäten im Angebot) und schwenken vor der Fassade mit doppelter Aussentreppe nach links auf einen flachen Weg für Fussgänger, der in wenigen Minuten zur Burgruine führt.

Laut Sage soll hier die Fee einer Quelle der *Mathilde von Mörsperg* einen Apfel geschenkt haben, welcher drei Wünsche erfüllen konnte. Als im Jahre 1445 die Burg Mörsperg eingenommen wurde, kamen Mathildes Eltern in den Flammen um. Das Mädchen lebte fortan als Schäferin, konnte aber allmählich, nicht zuletzt dank dem Apfel, schwere Schicksalsschläge überwinden und gar einen Ritter als Gatten finden.

8 Die Petite Camargue, das Naturschutzgebiet vor Basels Toren

Von der Basler Schifflände mit dem Bus nach Saint-Louis-la-Chaussée, über die Niederterrasse mit dem grossen Ried, zum Canal de Huningue und zurück zur alten Fischzucht.

Rundgang des Grossen Riedes

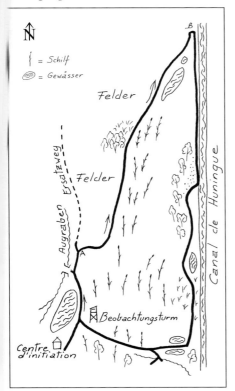

Vom 1. März bis zum 1. Juli ist der Weg zwischen A und B gesperrt (wegen Brutzeit). Ab A benützen wir daher den Ersatzweg bis zur Strasse, in die wir nach rechts einbiegen. Nach 60 m schwenken wir nochmals nach rechts auf einen Weg der uns zum Kanal bringt und 250 m weiter an den Punkt B.

Ausgangsort: Saint-Louis-la-Chaussée/Neuweg (nördlich von Saint-Louis) Bus-Station: Carrefour Aéroport

Gehzeit: 2 Stunden
Weglänge: 7 km
Höhenunterschied: fast flach
Karten: *Velokarte Basel-Altkirch*

1:50 000. *Landeskarte der Schweiz* 1:25 000, Blatt 1066. *Autokarte Michelin* Nr. 87

Verpflegung: 2 Restaurants in Saint-Louis-la-Chaussée. 1 Hotel-Restaurant und 5 Restaurants in Saint-Louis. Restaurant *Aéroport Bâle-Mulhouse* (***), Tel. 068-69 77 48

Hin- und Rückreise: Mit Bussen der Gesellschaft *Metro Cars* ab Schifflände und Saint-Louis-la-Chaussée; *Auskunft:* Tel. 068-69 73 65 und Tel. 068-69 75 61; *Abfahrt ab Schifflände:* 8 h 30, 11 h 30, 14 h; *Abfahrt ab Saint-Louis-la-Chaussée:* 12 h, 14 h 30, 17 h

Hinweise/Bemerkungen:
Centre d'initiation à la Nature de l'Au (CINA), Tel. 068-69 08 47 (Auskünfte betreffend die *Petite Camargue,* die Öffnungszeiten des CINA usw.)

Rundgang der Fischzucht

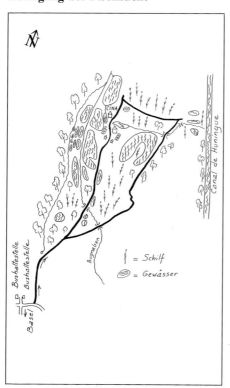

Wanderlustige Besucher der Kleinen Camargue müssen wissen, dass sie hier zwar wandern können, dass sie aber immer wieder davon abgehalten werden, weil sie links und rechts der Wege viel zu bestaunen und zu studieren haben. An einigen Naturlehrpfaden gilt es auch Inschriften zu lesen und geistig zu verarbeiten.

Blick von der Petite Camargue auf Rosenau

Von Basels Schifflände fahren jeden Tag Busse zum elsässischen Naturschutzgebiet der *Petite Camargue* (Kleine Camargue), das (nur einige Kilometer nördlich der Chemie-Metropole Basel) dem Besucher das Bild einer weitgehend von der Technik unberührten Landschaft vermittelt. Man wandelt hier zwischen Weihern, Schilf und Seerosen, über Heide mit wild wachsenden Hecken und wuchernden, sich selbst überlassenen Wäldchen. Für die natürliche Geräuschkulisse sorgen quakende Frösche, Nachtigallen, Pirole, flatternde und schnatternde Enten, um nur einige Interpreten der hier erklingenden Natursinfonie zu nennen.

Die Kleine Camargue ist, geologisch gesehen, die *Niederterrasse*, eine Eintiefung, die der Rhein während der letzten Zwischeneiszeit in die Flussebene eingegraben hat. Am westlichen Ende der Niederterrasse steigt eine steile Böschung zur *Hochterrasse*, auf der sich die Ortschaft *Saint-Louis-la-Chaussée/Neuweg* befindet. Hier verlief ein früheres Ufer des Rheines.

Bis ins letzte Jahrhundert schlängelten sich viele Rheinarme durch die Ebene der Niederterrasse, die öfters von Überschwemmungen heimgesucht wurde, so dass hier kein Landbau möglich war. In alten Chroniken ist die Rede von «ungesunden Sümpfen». Durch die Rheinregulierung zwischen 1841 und 1876 wurde der Rhein in ein festes Bett gezwungen, konnte also nicht mehr jünglinghaft durch die Landschaft herumschwadronieren. Die Spuren seiner früheren Abschweifungen sind aber erhalten geblieben. Die länglichen, leicht gebogenen Wasserflächen in der Nähe des Rheines sind abgetrennte ehemalige Flussarme.

Die Niederterrasse wird mit «Au» bezeichnet, einem Ausdruck, den man verwendet für Flächen, die entlang von Flüssen liegen und zeitweise unter Wasser stehen. Zu einer solchen Fläche gehört die Ortschaft *Rosenau* am nördlichen Ende der Kleinen Camargue.

Die Kleine Camargue wurde durch Dekret des französischen Ministerrates vom 11. Juni 1982 unter Schutz gestellt. Sie ist das erste Naturschutzgebiet des Elsass auf Grund des Staatsgesetzes vom 10. Juli 1976.

Das Naturschutzgebiet der Kleinen Camargue umfasst zwei Areale von insgesamt rund 150 Hektaren: einerseits das *Grosse Ried (Grand Marais)* mit anliegenden Parzellen und Böschungsrand, andererseits das östlich und getrennt liegende Areal des *Kirchener Kopfes*. Unsere heutige Wanderung führt durch das erstgenannte Areal. Den Kirchener Kopf besuchen wir bei unserer Velofahrt zur Rheininsel.

Der pflanzliche Reichtum der *Petite Camargue* beruht auf der Vielfalt der Beschaffenheit ihres Bodens. Kies wechselt mit Sand und tonigen Schichten, trockene mit feuchten Biotopen, Kiestümpel mit grossflächigen metertiefen Weihern. Jedes Biotop hat seine eigene eigenartige Pflanzen- und Tierwelt. Auf dem Trockenrasen sind Sanddorn und mehrere Orchideenarten beheimatet. In den Feuchtbiotopen der Kiestümpel und der Weiher gedeihen Wasser- und Riedpflanzen. Das Grosse Ried ist zurzeit das grösste Schilfgebiet im Oberelsass (16 ha). Das Schilf wurde früher als Baumaterial verwendet. Man findet es in den Wänden der Fachwerkhäuser von Neudorf (Village-Neuf).

Bei den Ornithologen ist die Kleine Camargue bekannt als ein *Paradies der Vogelwelt*. Gegen Jahresende kommen von den Vogesen die Schwärme der Grau-Ammer und der Wiesen-Pieper, um hier zu überwintern. Über den klaren Wassern lauert der Eisvogel auf seine Beute. Es nisten in der Kleinen Camargue gegen hundert Vogelarten darunter so seltene wie die Bekassine und die Zwerg-Rohrdommel. Um den Reichtum der Vogelwelt zu erleben, sollte man vor dem Sommer am frühen Morgen durch die Kleine Camargue spazieren. Das Konzert ist beeindruckend. Es singen Nachtigallen, Pirole, Drosseln und Amseln im Verein mit Meisen, Finken und Laubsängern. Bei den abendlichen Konzerten dagegen dominieren die Wasser- und die Laubfrösche, unterstützt von den Rufen der Unken.

Wie gelangen wir nun zur *Petite Camargue?* Wenn wir von Basel kommen, fahren wir nordwärts über Saint-Louis bis *Saint-Louis-la-Chaussée/Neuweg*, wo man ungefähr in der Mitte des Dorfes kurz vor der zweiten Bushaltestelle nach rechts in die Tiefe abbiegt, gelehrt gesprochen: von der Oberterrasse in die Niederterrasse. Wir gehen 100 m abwärts und kurven dann nach links. Nun wandern wir parallel zur Böschung, das heisst zur Nahtstelle zwischen Niederterrasse und Oberterrasse. Wo unser Weg sich von der Böschung entfernt, liegt links ein erstes Feuchtbiotop, das vom Grundwasser gespeist wird.

Über eine Allee zwischen Bäumen, Schilf und Teichen gelangen wir zu den Gebäuden der früheren *Fischzucht*, die 1853, unter Napoleon III., eingerichtet wurde. Es wurden hier neue Methoden zur künstlichen Befruchtung der Fische angewandt. Hinter dem links stehenden, länglichen Gebäude stossen wir auf das *Haus des CINA (Centre d'initiation à la Nature de l'Au)*, wo man gründlich über die Petite Camargue informiert werden kann. Hier beginnen unsere zwei Rundgänge.

Rundgang des grossen Riedes

Der Verlauf der Rundgänge ist sehr gut beschildert. Ich gebe daher nur noch einen Hinweis zum ersten Rundgang. Etwa 200 m nördlich vom Haus des CINA steht ein Beobachtungsturm, der es ermöglicht, einen grossen Teil des Riedes zu überblicken. Im Osten sehen wir den Schwarzwald mit dem 1165 m hohen *Blauen*, links davon den *Isteiner Klotz* (388 m) und die Kirche von Rosenau. Im Westen erhebt sich die Terrasse mit den Häusern von *Saint-Louis-la-Chaussée* auf dem alten Rheinufer.

Die Verläufe sowie die wesentlichen Stationen der beiden Rundgänge sind in den Wanderskizzen festgehalten.

9 Mit dem Velo zur Rheininsel

Von Huningue/Hüningen über Village-Neuf/Neudorf, entlang dem Canal de Huningue über den Kirchener Kopf und Rosenau zum Wasserkraftwerk und zur Schleuse von Kembs, von hier zur Rheininsel.

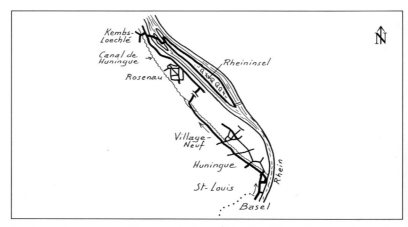

Höhepunkte dieser Velotour sind: ein idealer Fahrradweg entlang dem Canal de Huningue, das Naturschutzgebiet des Kirchener Kopfes, der alte, über Felsenklippen jünglinghaft schäumende Rhein und der wild wachsende Wald der Rheininsel.

Ausgangsort: Basel
Fahrzeit: 2 Stunden (ohne den Bummel im Naturschutzgebiet des Kirchener Kopfes)
Weglänge: etwa 20 km ab Grenze
Höhenunterschied: praktisch flach
Karten: *Velokarte Basel Altkirch* 1:50 000, Herausgeber: Verkehrsclub der Schweiz VCS, 3360 Herzogenbuchsee, IG Velo beider Basel, 4011 Basel (bei Kümmerly + Frey). Der nördlichste Teil unserer Fahrt ist nicht mehr auf dieser Karte. *Autokarte Michelin* Nr. 87 (Alsace)

Verpflegung: Die folgenden Angaben stützen sich auf die Liste der elsässischen Hotels und Restaurants, die jedes Jahr erscheint und gratis in elsässischen Verkehrsbüros erhältlich ist. In Village-Neuf: 1 Hotel-Restaurant *(Au Cheval Blanc,* Tel. 068-69 79 15) und 3 Restaurants *(Mayer,* Tel. 068-67 11 15; *L'Ange,* Tel. 068-69 72 72; *Au Cerf,* Tel. 068-67 12 89). In Huningue: 4 Hotel-Restaurants *(Tivoli,* Tel. 068-69 73 05; *Relais de Bâle,* Tel. 068-69 86 10; *Terminus,* Tel. 068-69 16 10; *Triborn,* Tel. 068-

69 88 83) und 5 Restaurants. In Rosenau: 2 Restaurants *(Baum-En,* Tel. 068-68 20 01; *Au Cygne,* Tel. 068-68 38 88). In Kembs: 1 Hotel-Restaurant *(Du Rhin,* Tel. 068-48 33 36) und 1 Restaurant *(Schaeferhof,* Tel. 068-48 36 24)

Wir verlassen Basel auf der Hüningerstrasse und kurven 1 km nach dem Zoll im französischen *Huningue/Hüningen* in die zweite rechts abzweigende breite Strasse (Rue de l'Ancre), die uns an den Rhein bringt, von dessen Ufer wir auf die Hafenanlagen des schweizerischen *Kleinhüningen* blicken. Gleich sind wir am *Canal de Huningue,* der schnurstracks nach Norden zielt, und folgen ihm über 1,2 km auf seiner linken Seite. Dann führt ein sehr gepflegter breiter Weg näher an den Kanal heran. Wir befinden uns nun auf einem geradezu idealen Veloweg. Schon erblicken wir auf der anderen, rechten Seite des Kanals, die ersten Häuser der Spargel-Metropole *Village-Neuf/Neudorf* und fahren dann in Neudorf unter einer Brücke hindurch.

Wo sich beim *Kirchener Kopf* der Kanal in zwei Arme aufteilt, fahren wir über ein Holzbrücklein auf die Insel zwischen den beiden Armen. Auf der linken Kanalseite ist nun kein Weg mehr und wir müssten auf die andere hinüberwechseln. Leider ist der Weg dort recht holprig. Wir trennen uns also ganz vom Kanal, kurven nach rechts in eine geteerte Strasse, überqueren 450 m weiter die grössere Strasse, die Neudorf mit Rosenau verbindet, und fahren noch 200 m auf einem breiten Weg bis zum Waldrand. Ein Schild mit der Inschrift *Réserve Naturelle* zeigt an, dass hier das Naturschutzgebiet des *Kirchener Kopfes* beginnt.

Wir lassen das Zweirad stehen, kurven nach rechts und sofort wieder nach links in einen Pfad, auf dessen rechter Seite ein Weiher wie Dornröschen hinter Gestrüpp zu schlafen scheint. Uns dünkt, linker und rechter Hand herrschen Urwaldzustände. Nach wenigen Minuten gelangen wir an den Waldrand und an eine Wegspinne. Wir wählen den rechten Weg, der über Wiesen mit einzelnen Bäumen und Baumgruppen führt. Bis zur Rheinregulierung (1841–1876) war diese Landschaft nicht zugänglich. Die Arme des Rheins schlängelten sich durch undurchdringliche Urwälder. Von den früheren Wasserläufen sind nur einige Weiher übriggeblieben.

Wir sehen vor uns die ersten Häuser von Neudorf und eine überdachte Anschlagtafel, auf der Pflanzen (Orchideen...) der Kleinen Camargue vorgestellt werden. Auf unserer linken Seite liegt ein länglicher Weiher, offenbar ein Überbleibsel eines alten Rheinarmes, am Rande eines Wäldchens. Wir möchten gern den Weiher umgehen. Das ist leider nicht möglich. Unser Weg mündet in Felder, so dass wir ihn zurückgehen müssen bis zur Wiese mit der Anschlagtafel, wo wir uns jetzt mehr rechts halten. So gelangen wir an das uns bereits bekannte Wäldchen.

Vorbei an den Urwaldzuständen versuchen wir nun, zum Velo zurückzufinden, und radeln die 200 m zur uns bereits bekannten

49

Hauptstrasse zurück. Hier kurven wir nach rechts in die Strasse, die uns mühelos nach Rosenau bringt. Dieses Dorf lag früher auf deutscher Seite und es wurde in der Folge nie verschoben, aber der Rhein verlegte im 18. Jh. sein Bett, so dass die Rosenauer durch die Launen eines Stromes zu Franzosen wurden. In der Linkskurve gleich nach der Rosenauer Kirche biegen wir nach rechts ab. So stossen wir bald auf das EDF-Strässlein *(Route de l'Electricité de France)*, das parallel zum Rhein verläuft. Wo wir in diese Strasse münden, an der nördlichen Ecke, erinnert uns ein amerikanischer Panzer *(Memorial)* an die Kämpfe, die hier am 19. November 1944 stattfanden.

Wir wenden uns nach links, also nach Norden. Rund 100 m weiter führt ein rechts abzweigender Weg über einen kleinen Kanal *(Canal phréatique)*. Der steinige Weg auf der rechten Seite des Kanals ist leider, besonders auf der Höhe des Sattels, unangenehm holprig und endet schliesslich als Sackgasse am Zaun des Wasserkraftwerkes. Wir fahren also resigniert auf dem EDF-Strässlein weiter nach Norden. Etwa 50 m nach dem Schild, welches das Ortsende von *Rosenau* kennzeichnet, zweigt erneut ein Weg nach rechts ab.

Wir lassen das Fahrrad stehn. Ein Brücklein trägt uns über den *Canal phréatique*. Von hier steigt ein Weg die Böschung hoch und bringt uns an den *Grand Canal d'Alsace,* immerhin unseren dritten Kanal am heutigen Tag. Über seine Fläche sehen wir zum Ziel unserer Velofahrerwünsche, zur *Rheininsel*. Linker Hand sehen wir den grossen Bau des Kraftwerkes, über welches wir zur Rheininsel gelangen wollen. Leider stösst auch der Weg, auf dem wir jetzt stehen und der entlang dem *Grand Canal d'Alsace* verläuft, schliesslich auf einen Zaun des Kraftwerkes, so dass wir nur über die EDF-Strasse zur Rheininsel kommen können.

Wir radeln also auf der EDF-Strasse weiter, unter den Hochspannungsleitungen hindurch bis zu einer Strassenkreuzung, wo wir spitzwinklig nach rechts aufwärts zum Kembser Kraftwerk und der Schleuse fahren.

Die 6 Turbinen des Kraftwerkes, die 1400 m^3 Wasser in der Sekunde ausstossen, produzieren jährlich 938 Millionen kWh. Die jenseits des Kraftwerkes zur Dekoration aufgestellte Schraube der Turbine 6, die bis zu ihrer «Pensionierung» 1981 im Einsatz war, hat in ihrer aktiven Zeit über 6 Milliarden kWh produziert. Von hier radeln wir bis zur Schleuse, wo es interessant ist zu beobachten, wie die Schiffe hochgehoben, respektive gesenkt werden.

Wenn wir gleich nach der Schleuse nach rechts abbiegen, kommen wir auf ein gerades geteertes Strässlein, auf dem wir entlang dem *Grand Canal d'Alsace* bis zur südlichen Spitze der *Rheininsel* fahren können. Links von uns wuchert die Wildnis, die gelegentlich durch Wege zugänglich ist und einen kontrapunktischen Gegensatz zu einigen landwirtschaftlich genutzten Parzellen bildet. Die Insel ist ein Vogelparadies, das viele seltene Arten beherbergt. Im Winter sind hier vie-

Blick von der Rheininsel auf den Isteiner Klotz

le Kormorane zu Gast. Ein Reiherstand ist im Entstehen.

Anstatt am Anfang des vorhergehenden Abschnittes nach der Schleuse rechts abzubiegen, fahren wir jetzt links abwärts auf breiter Naturstrasse bis zu einer Wegspinne mit Rastplatz. Nördlich von diesem Rastplatz gelangen wir zu Fuss an ein sehr schönes Ufer, wo uns der alte Rhein noch ein bisschen vorspielt und vorspiegelt, wie er früher war, vor seiner Zwangsregulierung, als die Wasser noch jünglinghaft übermütig um die Felsenklippen rauschten.

Nun gehen wir zurück auf die Naturstrasse, lassen den Rastplatz links liegen und wenden uns nach Osten. Die Strasse kurvt gleich nach rechts, wo sie gepflastert ist. Offen gesagt, auf diesen Pflastersteinen ist das Fahren auf den üblichen Velos kein reines Vergnügen. Besser wäre daher, man ginge zu Fuss und schöbe das Zweirad. Aber für die Stösse werden wir entschädigt durch die prächtige Aussicht. Nach der Wirrnis des Urwaldes gipfelt die Bilderfolge in der grandiosen Schau einer unberührten Flusslandschaft, wobei nur eine fast ganz verdeckte, in der äussersten linken Ecke des Bildes auftauchende Betonfabrik daran erinnert, dass wir bereits das 20. Jh. schreiben. Von der badischen Seite grüsst ein völlig naturbelassener, unberührter Strand, auf dem Urmenschen sich zu sonnen scheinen, könnte man meinen.

Wir fahren weiter über die gepflasterte Strasse, bis wir bei einem Stauwerk auf einen Drahtzaun stossen. In der Tat, es ist der Tag der Zäune! Wir folgen also dem Zaun und gelangen so auf das geteerte Strässlein, das wir bereits kennen und das uns auf der westlichen Seite der Rheininsel zur *Schleuse* zurückbringt.

Weil wir heute schon viel erlebt haben, würde ich jetzt die Rückfahrt über die EDF-Strasse antreten. Beim *Rosenauer Panzer* fahren wir nun geradeaus, bis rechterseits eine grosse Transformatorenanlage der EDF mit vielen Hochspannungsmasten auftaucht. Einige Meter weiter fahren wir links in das Gehölz und durch das Naturschutzgebiet des *Kirchener Kopfes*. Wir gelangen so in ein uns bekanntes Revier, von dem wir leicht zum *Canal de Huningue* zurückfinden.

Variante: Wir könnten auch bei der Transformatoren-Anlage geradeaus weiterfahren. Kurz vor *Village-Neuf/Neudorf* ist links ein Parkplatz, von dem aus man gleich zum Rhein gelangt. Hier sehen wir nochmals die Rheininsel und können dem Rhein entlang gegen Huningue/Hüningen und Basel fahren. Hier in Neudorf oder in Hüningen gibt es reichlich Möglichkeiten, dem Tag noch einen kulinarischen Höhepunkt aufzusetzen.

10 Vom Bahnhof Mulhouse direkt in die Sundgau-Hügel

Vom «Melhüser Bahnhof» (Gare de Mulhouse) in die Wälder der nördlichsten Sundgauhügel, vorbei an Hütten für Wanderer, zu einem fast 4000jährigen Tumulus (Hügelgrab) und zurück über den am Waldrand gelegenen Zoo.

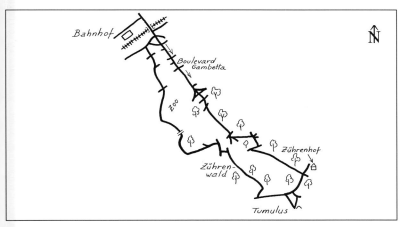

Dass diese Landschaft, die in die Stadt hineinragt, seit der Zeit der Industrialisierung ein beliebtes Wandergebiet ist, zeigen die dicht auftretenden gepflegten Hütten, die für Wanderer aufgestellt wurden. Nach den Mühen der Werktage konnte man sich hier an Sonn- und Feiertagen erholen und an der Natur erquicken.

Ausgangsort: Bahnhof Mulhouse
Gehzeit: 3 bis 3½ Stunden
Weglänge: etwa 12 km
Höhenunterschied: etwa 100 m
Karte: Carte du Club Vosgien, *Mulhouse Ferrette* 1:50 000
Verpflegung und Unterkunft: Grosse Auswahl in Mulhouse. Liste im Verkehrsbüro

Zeltplatz: *Camping de l'Ill,* Tel. 068-06 20 66
Hin- und Rückreise: Bahn, SNCF = Société Nationale des Chemins de fer français, Bundesbahnhof Basel, Tel. 061-22 50 33
Verkehrsbüro: Office de Tourisme, 68100 Mulhouse, 068-45 68 31

Hinweise für einen Abstecher zum Ecomusée:
Vom Bahnhof kommt man auch leicht ins Ecomusée. Ungefähr jede Stunde fährt ein Bus nach Gebwiller (französisch: Guebwiller). Einstieg in den Bus an der *Gare routière* (Bahnhof für Busse) neben dem Bahnhof. Im *Ecomusée* spaziert man stundenlang zwischen kunstvollen Fachwerkhäusern und vielen anderen prächtigen Zeugen der Regiogeschichte seit den Römern, Tel. 068-48 23 44.

Beim Verlassen des Bahnhofes gehen wir nach rechts und, 250 m weiter, gegenüber dem *Stoffdruckmuseum (Musée de l'Impression sur Etoffes)*, nochmals nach rechts, über die Brücke. Geradeaus geht es nun im *Boulevard Gambetta* zügig in der Fallinie aufwärts bis zur «Kammstrasse», die wir überqueren. In der *Eichhörnchen-Allee (Allée des Ecureuils)* wandern wir geradeaus, links vom Zoo. Wir geraten schnurstracks in die Ruhezone *(Zône de tranquillité)* und nach weiteren 100 m zum *Teufelsbrunnen (Fontaine du Diable)* und zur *Räuberhöhle (Caverne des Brigands)*, wobei wir dem *roten* und dem *gelben Dreieck* folgen. Auch bei der 100 m weiter auftretenden Gabelung gehen wir geradeaus, als könnten uns weder Teufel noch Räuber vom geraden Weg abbringen. Während 50 m bewegen wir uns in einer Rinne und überqueren schliesslich eine Fitness-Strecke.

20 m nach dieser Überquerung, links von unserem Weg, befindet sich ein *alter dreieckiger Markstein (Vieille borne triangulaire)* der alten Mülhauser Republik. Wenige Minuten später biegen wir mit *rotem* und *gelbem Dreieck* nach links. 350 m von unserem dreieckigen Markstein mündet unser Pfad in einen breiten Weg, der uns rechter Hand gleich zum Platz *Henri* befördert, in den wir nach links einbiegen. 30 m weiter erreichen wir eine dreifache Gabelung, wo wir die linkeste Möglichkeit mit *rotem Dreieck* wählen. In einigen Minuten befinden wir uns am Platz *Alfred Schoen,* in den wir mit dem *roten Dreieck* nach rechts einbiegen. Die Raststätte wartet auf mit Hütte, Tisch und Bänken.

Nach einigen Schritten überqueren wir einen Weg und erreichen in wenigen Minuten einen breiteren Weg, in den wir nach rechts einbiegen, um ihn bereits nach 30 m wieder mit *rotem Dreieck* nach links zu verlassen. Rund ¼ Std. später stossen wir auf ein geteertes Strässlein. 100 m weiter nach links steht der *Zührenhof,* eine schöne Hütte mit Tisch und Bänken. Nichtsdestotrotz wenden wir uns nach rechts, Richtung *Tumulus* (blaue Scheibe), dessen Entfernung mit 550 m angegeben wird.

Nach 350 m führt ein breiter Weg nach links und 60 m weiter wieder nach rechts zum *Tumulus.* Statt diesen breiten Weg zu nehmen, gehen wir noch 80 m weiter und kurven dann nach links auf einen schöneren Weg. Dieser führt direkt zum Tumulus, einem Hügelgrab aus der Zeit zwischen 2000 und 1500 v. Chr. *August Stöber,* der Freund und Mitarbeiter der Brüder Grimm, bekannt durch seine Sammlung der Sagen des Elsass, hat hier im Jahre 1858

Melhüser Rothus/Hôtel de Ville de Mulhouse

Objekte ausgegraben, die heute im *Historischen Museum (Musée Historique)* zu Mülhausen aufbewahrt werden.

Vom Tumulus gehen wir zurück auf den Weg mit *blauer Scheibe* und gelangen nach rund 500 m zum *Carrefour Bertschy*. An dieser Stelle sind wir noch 2,3 km vom anvisierten Zoo entfernt. Wir wandern rechts abwärts mit *gelbem Dreieck* und biegen, 200 m weiter, nach links. Wo wir einen breiteren Weg erreichen, geht es abwärts mit *gelbem Dreieck*. Rund 100 m weiter, an der Gabelung, halten wir uns links. Doch zuvor sehen wir nach dem «Rechten», denn rechts erahnen wir durch das Laubwerk hindurch das Fachwerk einer Hütte. Es ist die Hütte vom *Herrenwald* mit Tischen, Bänken und Spielplatz. Nun wenden wir uns schliesslich doch nach links, kurven 200 m weiter nach rechts in eine sehr breite Naturstrasse, die wir nach weiteren 100 m bereits spitzwinklig nach links verlassen. Beim Erreichen des nächsten breiteren Weges wandern wir links empor. Der allmählich nach rechts schwenkende Weg bringt uns auf eine geteerte Strasse, die wir überqueren. Gleich kommen wir an einen Rasen (bei einem Fernsehturm), an dessen rechter Seite wir abwärts wandern, um bald an den oberen Eingang des Zoos zu gelangen.

Im Zoo, der sich über 25 ha erstreckt und der auch als botanischer Garten gepriesen wird, hat man versucht, die Natur so natürlich wie möglich zu lassen, so dass man die hier angelegten Wege gut in die Wanderung einbauen könnte. Wir würden dann den Zoo beim unteren Eingang verlassen und von hier talwärts in die Stadt gehen (siehe nächsten Abschnitt).

Falls wir den Zoo nicht in unsere Wanderung einbeziehen möchten, erreichen wir links vom oberen Eingang über 550 m den unteren Eingang. Ab hier führt die *Rue de Bruebach,* ungefähr in der Fallinie, nach 500 m über eine Kreuzung und nach 700 m in die Hauptstrasse bei der *Taverne du Tivoli.* Wir wenden uns nach rechts zum bereits bekannten Boulevard Gambetta, wo unsere Wanderung begann.

11 Über Thanner Hubel und Hundsrücken

Von Bitschwiller bei Thann über die Bergbauerngasthöfe Thannerhubel, Rossberg und Gsang zum Hundsrücken und zurück nach Bitschwiller.

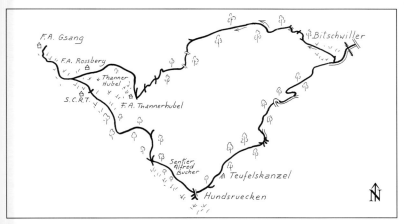

Bei dieser Wanderung erleben wir die Ganzheit und die Vielfalt eines Vogesenberges vom kühlen Grund des Tales über verschiedene Arten von Wäldern bis zu den Almen über der Waldgrenze, wo Bergbauerngasthöfe auf uns warten.

Ausgangsort: Bitschwiller (360 m) bei Thann, westlich von Mulhouse
Gehzeit: 4½ bis 5 Stunden
Weglänge: 14 km
Höhenunterschied: 750 m
Karten: Carte du Club Vosgien, *Thann Gebwiller* 1:50 000. Carte du Club Vosgien, *Grand Ballon–Thann* 1:25 000
Verpflegung und Unterkunft: *Ferme-Auberge du Thannerhubel* (Bourbach-le-Haut 68 290 Masevaux). *Ferme-Auberge du Gsang*, Tel. 068-38 96 85. *Ferme-Auberge du Rossberg*, Tel. 068-81 50 91. 1 Hotel-Restaurant (*Ville de Thann*, Tel. 068-37 02 64) in Bitschwiller. 6 Hotel-Restaurants und 7 Restaurants in Thann
Hin- und Rückreise: Bahn oder Auto bis Bitschwiller bei Thann
Verkehrsbüro: 68 000 Thann, Tel. 068-37 96 20

Hinweise/Bemerkungen:

Thann: Das Theobald-Münster ist nach dem Strassburger Münster der bedeutendste gotische Kirchenbau im Elsass. Man sollte sich dieses feine, eigenwillige Beispiel der Spätgotik ansehen. Von Thann führt ein

Weg in 25 Minuten zur nördlich gelegenen Engelsburg, deren «Hexenauge» (durch Sprengung umgekippter Turmteil) auf das Tal herunterschaut.

Die Wanderung beginnt im Dorf *Bitschwiller*, das wir über *Mulhouse/Mülhausen* und Thann erreichen. Bitschwiller ist die nächste Ortschaft westlich von Thann. Von Thann aus fahren wir bis zur ersten Verkehrsampel in Bitschwiller. Einige Meter weiter beginnt links die *Joffre-Strasse*, die nach 150 m beim Bahnhof die Geleise überquert und 400 m weiter das Altersheim *(Maison de retraite) Jules Scheurer* erreicht. Vor dem Eingang dieses Heimes biegen wir rechts ab und folgen dem *gelben Kreuz*. 80 m weiter begeben wir uns auf einen halblinks abzweigenden grasigen Weg, der später in einer Rinne verläuft. Wir achten nicht, was links und rechts an Wegen anfällt, sondern steigen immer etwa in gleicher Richtung hoch. Nach einer Viertelstunde an einer Gabelung angelangt, halten wir uns rechts und stossen nach 150 m auf einen breiten Weg, den wir überqueren, um dann, schräg nach links abbiegend, vorerst parallel zum breiten Waldweg hochzusteigen.

Fünf Minuten später stossen wir auf ein geteertes Strässlein, auf dem wir 10 m aufwärts gehen, um dann rechts auf einem Pfad hochzusteigen. Es geht aufwärts durch einen 25jährigen Tannenwald (1990) und nach weiteren 10 Min. sehen wir links die Alm des *Thanner Hubels* mit seinem Bergbauerngasthof. Fast eine halbe Stunde später erreichen wir ein geteertes Strässlein, das wir überqueren. Unser Pfad steigt nun schräg den Hang entlang und gewährt nach 3 Minuten einen schönen Ausblick ins *Thannertal*, das *Tal der Thur*. Von links nach rechts sehen wir *Geishouse*, den *Grossen Belchen (Grand Ballon)*, *Goldbach*, das von Bäumen ziemlich verdeckte *Willer* unterhalb von *Goldbach*, *Bitschwiller* und *Thann*. Wir kommen bald auf das Strässlein zurück, das nun nicht mehr geteert ist (Stand im Jahr 1990), in das wir nach links einbiegen und dem wir während 100 m aufwärts folgen, um dann halbrechts steigend abzuzweigen. Bald befinden wir uns in einem Buchenwald, der nach dem Ersten Weltkrieg angepflanzt wurde. Nach einem Dutzend Minuten erreichen wir einen breiten Waldweg, in den wir nach rechts einbiegen und den wir bereits 50 m weiter spitzwinklig nach links verlassen. Nun wandern wir, immer noch zwischen hohen Buchen, im Zickzackkurs bis zu einer Alm und zum Bergbauerngasthof *Thannerhubel* (1050 m), der vom 20. Mai bis Mitte Oktober und sonntags auch ausserhalb der Saison geöffnet ist.

Wenn wir vor dem Bergbauerngasthof ankommen, sehen wir rechts einen mehr als 100jährigen Ahorn, einen fast flachen und einen sanft ansteigenden Pfad. Auf letzterem umkreisen wir mit *rotem Dreieck* den *Thanner-Hubel-Kopf* (1183 m) in einer langgezogenen Linkskurve. Wenn wir aus dem Wald heraustreten, sehen wir rechts, auf dem gegenüberliegenden Hang, den Bergbauern-

Türme in Thann an der Thur

gasthof *Gsang* und vor uns den Bergbauerngasthof *Rossberg* sowie, am darüber liegenden Horizont, den Gipfel des *Rossberges* (1191 m). Wir setzen an zu einem weiten Rechtsbogen. Obwohl der Weg in der nahen Wiese nicht gut sichtbar ist, sehen wir, wie er in einiger Entfernung nach rechts tendiert.

Von der *Ferme-Auberge Gsang* gehen wir auf dem gleichen Weg zurück bis fast zum Bergbauerngasthof Rossberg. Wir lassen diesen sowie einen ausgehöhlten Ahorn links liegen, bleiben auf dem breiten Weg und steigen über die Bergweide zum Sattel zwischen Thanner-Hubel-Kopf und Rossberg zur sogenannten *Waldmatt* mit der Herberge *(Refuge)* des *Ski-Clubs Rossberg Thann*. Von hier sieht man bei klarem Wetter die Alpen. Alsdann führt ein breiter Weg abwärts. Beim Eingang in den Wald bleiben wir auf dem breiten Weg. Nach fast 30 Min. gelangen wir an eine Wiese, vor deren Zaun wir nach links auf einen schmäleren Weg *(Sentier Alfred Bucher)* abbiegen, auf dem wir mit *rotem Balken* in 15 Min. den Hundsrücken-Pass *(Col du Hundsruecken)* erreichen. Von hier aus lohnt sich ein Blick über das südliche *Masmünstertal* (Tal von *Masevaux*).

Nun beginnt der Abstieg ins nördlich gelegene Tal der Thur, zurück nach Bitschwiller. Vom *Bucher-Weg* kommend, überqueren wir die Strasse, die nach Bitschwiller führt, und biegen nach links in einen erst ansteigenden Pfad mit *rotem Balken*. Nach drei Min. (bei einer Gabelung) steigen wir nicht rechts hoch (nach Thann mit *blauem Kreuz*), sondern gehen geradeaus und erreichen in 2 Min. die *Teufelskanzel* und in 14 Min. einen neueren, breiten Waldweg, den wir überqueren. Nach weiteren 10 Min. gelangen wir an eine Kreuzung von Strassen und Wegen. Wir gehen etwa 300 m auf der Strasse abwärts und biegen dann mit *rot-weiss-rotem* Balken halblinks in einen Weg. Fast 10 Min. später überqueren wir die Strasse, auf die wir gleich wieder stossen und der wir nun über etwa 200 m abwärts folgen, bis wir, immer mit *rot-weiss-rot*, halblinks in einen Pfad einbiegen. Wir überqueren gleich einen Waldweg, biegen 3 Min. später nach links in einen anderen Waldweg und gehen nun immer abwärts bis zu einer Wiese, an deren rechter Seite wir uns bewegen. Schliesslich bringt uns ein geteertes Strässlein zur Brücke, die über den *Kerlenbach* führt. Wir erkennen links das *Altersheim Jules Scheurer* und unseren Ausgangspunkt.

12 Von den runden Egisheimer Gässlein zu den drei «Egse»

Von Egisheim (Eguisheim) durch Rebenhügel über die Ruine Hageneck zu den drei Egisheimer Ruinen und zum Weindorf Husseren, dann durch südlichere Rebenhügel zum Egisheimer Zeltplatz.

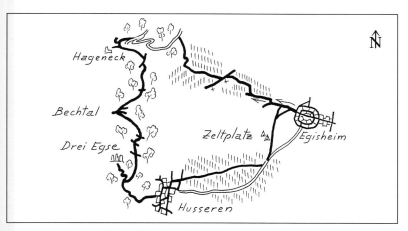

Aus den engen malerischen Gässlein des Weindorfes Egisheim wandern wir vor der berühmten Kulisse der drei Egisheimer Ruinen über weite Rebenhügel in die eher schattigen Lagen um die Ruine Hageneck, um dann allmählich durch Maronengehölz zum Höhepunkt «Drei Egse» zu gelangen, wo der Blick von Colmar im Nordosten zu den Alpen schweift.

Ausgangsort: Egisheim (6 km südwestlich von Colmar), Place Charles de Gaulle
Gehzeit: 3 Stunden
Weglänge: 10 km
Höhenunterschied: 400 m
Karten: Carte du Club Vosgien, *Colmar, Munster* 1:50 000. Carte du Club Vosgien, *Hohneck, Petit Ballon* 1:25 000
Verpflegung und Unterkunft: 5 Hotel-Restaurants (davon eines mit ***: *Auberge Alsacienne*, Tel. 068-41 50 20) und 2 Restaurants in Egisheim; 1 Hotel-Restaurant *(Hotel Husseren-les-Châteaux,* Tel. 068-49 22 93) und 1 Restaurant in Husseren-les-Châteaux
Zeltplatz: Camping municipal *Les Trois Châteaux,* Tel. 068-23 19 39
Hin- und Rückreise: Bahn mit Fahrrad, Auto
Verkehrsbüro: Tel. 068-41 21 78

Egisheim (Eguisheim) liegt 6 km südwestlich von Colmar. Wer mit dem Auto von Süden kommt, verlässt in *Ste-Croix-en-Plaine* die Autobahn, um links gegen die Vogesen abzuschwenken. Radfahrer biegen beim Verlassen des Colmarer Bahnhofes an der nächsten Ampel nach links und halten sich über 3 km an diese südliche Richtung. Dann fahren sie während 400 m auf einer grösseren Strasse, um schliesslich rechts gegen Egisheim einzubiegen. Die drei Burgen von Egisheim, vom Volksmund die *drei Egse* genannt, zeigen von ihrem Schlossberg aus die Richtung an. *Egse* ist der Mundart-Ausdruck für Egisheim.

Egisheim hat einen seltsamen Grundriss mit kreisförmigen Gässlein, die wie die Schalen einer Zwiebel um einen zentralen Kern verlaufen, der früher eine Burg trug. Von der Burg sind nur noch die achteckig angelegten Grundmauern erhalten, die an den Grundriss der Stauferburg *Castel del Monte* in Apulien (Süditalien) erinnern. Dieser Umstand sowie die Buckelquader im Gemäuer liessen den Historiker *Jean Wirth* vermuten, dass die Burg in der ersten Hälfte des 13. Jahrhunderts, zur Zeit Friedrichs II. von Hohenstaufen, entstand. Es gilt aber als sehr wahrscheinlich, dass schon früher, am gleichen Ort, eine andere Burg stand, in der vermutlich Papst Leo IX. das Licht der Welt erblickte.

Von dem zentralen Platz *(Place du Châteaux Saint-Léon)* gehen wir auf der Hauptstrasse nach Westen zu den Vogesen hin. Wo wir in die breite Querstrasse münden, beginnt der *Place Charles de Gaulle* mit der Volksschule im Westen. Wir wandern links an dieser Schule vorbei, gegen die Vogesen, dann zur Rechten von einem *Marienbrunnen* und einer Telefonkabine, um in die *Rue Porte Haute* (Obertor-Strasse) zu gelangen. Rund 200 m nach dem Marienbrunnen brächte uns die links abzweigende Strasse *(Rue du Bassin)* zum Zeltplatz (200 m). Wir gehen aber noch 100 m weiter geradeaus bis zu einer Gabelung.

Hier biegen wir nach rechts mit *blauem Kreuz,* Richtung *Burg Hageneck,* und 30 m weiter, bei der nächsten Gabelung, nach links in den Rebberg. Ab hier sind es zwischen 150 und 200 m bis zu kleineren Wegen, die rechts zur Bewirtschaftung der Reben angelegt wurden, und 350 m bis zu einem breiteren, rechts abzweigenden Weg, in den wir einbiegen, um bereits 100 m weiter eine Wegspinne zu erreichen, wo wir uns links halten. Nach 300 m, mit Blick auf die hoch oben thronende weisse Mauer der *Hohlandsburg,* erreichen wir ein geteertes Strässlein, in das wir nach links einbiegen. Nach 50 m Steigung, vorbei an einem Kreuz aus dem Jahr 1746, halten wir uns an einer Gabelung rechts und erreichen nach 450 m eine rechtwinklige Kurve. Wir sehen links vor uns die drei *Egisheimer Burgen,* weiter rechts die weisse Wehrmauer der *Hohlandsburg* und direkt unter uns, in einem Tälchen, immer noch Reben.

200 m weiter zeichnet das Strässlein ein S und mündet nach zusätzlichen 300 m in eine breite Strasse, der wir während 1 km aufwärts folgen. Am höchsten Punkt

Die «drei Egse»

der geteerten Strasse, wo Tische und Bänke den Müden Erquikkung bieten, biegen wir nach links in einen breiten Waldweg; 100 m weiter, bei der Gabelung, halten wir uns rechts. Bei der nächsten Gabelung wählen wir den linken Weg, der mit einem liegenden Felsen verstopft zu sein scheint. Wo wir rechts zur Burg biegen, merken wir uns schon jetzt den Aufstieg zum Weg, der uns nachher mit *roter Raute* in einer Stunde zu den drei Egisheimer Burgen weiter führen wird. Die Burg *Hageneck* (420 m ü. d. M.), deren Name erstmals 1263 erwähnt wird, ist so bescheiden wie der verborgene schattige Ort, an dem sie aufgestellt wurde, und sie ist auch schnell besichtigt.

Wir steigen dann mit *roter Raute* bis zu einer nahen Quelle, vor der wir nach links biegen, um bald einen breiten Weg zu erreichen, dem wir 30 m aufwärts folgen. Dann biegen wir nach links und gleich wieder halbrechts mit *roter Raute*. Wir lassen uns nun von der Schwerkraft abwärts treiben, überqueren schräg einen Waldweg und erreichen einen Tiefpunkt in einem schattigen, engen Tälchen mit Rinnsal, wo uns ein

Pfad auf der anderen Talseite links schräg hochsteigen lässt. In der nächsten halben Stunde wandern wir öfters durch Maronengehölz und überqueren einen breiten, einen schmalen und wieder einen breiten Weg, um schliesslich zu einem mit einer Bank ausgestatteten Ort namens *Damen-Sessel* hochzusteigen. Der *Herren-Sessel* ist bezeichnenderweise etwas höher situiert, als ob Damen und Herren nicht am besten zusammensässen. Über beide Sessel kommen wir zu den *drei Burgen*. Von hier sehen wir auf das nordöstlich sich ausbreitende Colmar.

Der mittlere Turm der *Drei Egse* gehört wohl zur ältesten Burg, die ursprünglich nicht aufgeteilt war. Im Jahr 1006 war die Burg im Besitz des Grafen Hugo und seiner Frau Heilwig. Papst Leo IX., ein Egisheimer, hat laut Christian Wilsdorf die Burgkapelle zwischen 1049 und 1054 eingeweiht. Um 1200 besassen die Dagsburger einen Teil der Anlage. Nach dem Tod der *Dichterin Gertrud von Dagsburg* (1225) kaufte der Bischof von Strassburg deren Erbe. Am Ende des Mittelalters bestanden drei Burgen: die nördliche *Dagsburg,* die mittlere *Wahlenburg* und die südliche *Weckmunt.*

Der Abstieg von den Burgen zum Dorf *Hüsseren* führt mit *roter Raute* über beide Sessel für Damen und Herren zu einem neuen, grossflächig angelegten Hotel, bei dessen westlichem Talgiebel wir steil absteigen, um dann einen breiten Weg zu überqueren und einem Rinnsal zu folgen. Wir gehen nicht gleich ins Dorf, sondern halten uns links am Waldrand bis zu einem Spielplatz. Ab hier gehen wir geradeaus abwärts bis zum Dorfbrunnen (100 m). Bei diesem lenken wir unsere Schritte nach links zur Kirche (200 m), vor welcher wir nach rechts talwärts abschwenken, um 80 m weiter Richtung links zu einem Kruzifix zu biegen, vor dem wir uns endgültig talabwärts nach rechts wenden. Nach zusätzlichen 100 m erreichen wir die Reben, verlassen hier die Strasse in der Kurve, und wandern auf breitem Weg ungefähr geradeaus abwärts. Nach 1250 m erreichen wir die Strasse, auf der wir 30 m abwärts gehen, um dann nach links in ein kleineres Strässlein abzubiegen, das uns über 400 m zum *Zeltplatz* und 200 m weiter zu der uns bereits bekannten *Rue Porte Haute* bringt.

13 Viele Bergbauerngasthöfe rund um den Kahlen Wasen (Petit Ballon)

Vom Bergbauerngasthof Buchwald über andere Gasthöfe rund um den Kahlen Wasen.

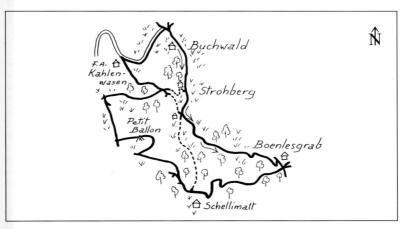

Bei dieser Wanderung befinden wir uns oft über der Waldgrenze und erreichen unseren tiefsten Punkt am Boenlesgrab auf 865 m. Der Rundgang um den Kahlen Wasen ist mit vielen schönen Aussichten gewürzt.

Ausgangsort: Bergbauerngasthof Buchwald
Gehzeit: 3 Stunden
Weglänge: 9 km
Höhenunterschied: 400 m
Karten: Carte du Club Vosgien, *Colmar Münster* 1:50 000. Carte du Club Vosgien, *Hohneck Petit Ballon* 1:25 000
Verpflegung und Unterkunft: *Ferme-Auberge Buchwald*, Tel. 068-77 37 08/77 54 37. *Ferme-Auberge du Strohberg*, Tel. 068-77 56 00. *Restaurant Boenlesgrab* Tel. 068-71 10 88. *Ferme-Auberge du Rothenbrunnen*, Tel. 068-77 33 08. *Ferme-Auberge Kahlenwasen (Petit Ballon)*, Tel. 068-77 32 49/77 64 26
Hin- und Rückreise: Auto über Münster und Luttenbach
Verkehrsbüro: 68140 Münster, Tel. 068-77 31 80

Hinweise/Bemerkungen:
Es wird geraten, diese Wanderung zwischen dem 1. Mai und Ende September zu machen, wenn die Bergbauerngasthöfe geöffnet sind.

Wenn wir von Münster (westlich von Colmar) kommen und nach Westen fahren, biegen wir gleich nach dem Ortseingang des nächsten Dorfes, Luttenbach, links in die erste Strasse. Hundert Meter weiter erreichen wir die Geleise der Bahn und 500 m weiter, nach einer Rechtskurve, eine Strassengabelung, wo wir links fahren, also Richtung *Petit Ballon (Kahler Wasen)*, F.A. = Ferme-Auberge = Bergbauerngasthof *Kahlenwasen*, F.A. *Buchwald* und *Auberge* (Gasthof) du *Ried*. Wir bleiben auf dieser Strasse bis zur *Auberge du Ried* (Ried-Gasthof). Nach weiteren 1,5 km geraten wir in eine Kurve mit Parkmöglichkeit.

Von hier sind es 150 m zum Bergbauerngasthof *Buchwald* (geschlossen von Ende November bis ca. Ostern), wo man essen, aber nicht schlafen kann. Unsere Ziele sind der Bergbauerngasthof *Strohberg* (20 Min.) und *Boenlesgrab (1 Stunde 10 Min.) mit roter Scheibe*. Wir wandern links an dem Bergbauerngasthof *Buchwald* vorbei und steigen immer schräg am Hang aufwärts. Unsere Blicke schweifen linkerhand zur Mündung des Münstertales mit dem hochgelegenen Ort *Trois-Epis/Drei Ähren* und dem fernen Turm der *Pflixburg*. Wo wir den Zaun einer Alm passieren müssen, gehen wir nicht geradeaus, sondern halblinks Richtung *Strohberg* und *Boenlesgrab (rote Scheibe)*. Wir wandern in einem langgezogenen Rechtsbogen um den Berg und kommen in einigen Minuten an den Bergbauerngasthof *Strohberg* (offen vom 1. Mai bis Mitte November).

Ab hier könnte man gleich in 15 Min. zur *Schellimatt (A.J. = Auberge de la Jeunesse =* Jugendherberge) mit *roter Raute* marschieren. Wer sich schonen und starke Steigungen meiden möchte, könnte hier abkürzen. Die andern wandern guter Dinge auf breitem Waldweg abwärts. Nach 7 Min. sprudelt rechts die *Königsdorferquelle*. Nach 35 Min. (ab F.A. Strohberg) erreichen wir *Boenlesgrab* (865 m).

Beim Restaurant Boenlesgrab biegen wir nach rechts und folgen auf zügig steigendem Pfad dem *gelben Balken*. Die breite geteerte Strasse brächte uns talwärts nach Lautenbach im Gebweilertal. Uns zieht es aber zum *Kahlen Wasen* (Petit Ballon). Laut Schild sind es 2 km zur Schellimatt und 4 km zum Kahlen Wasen. Ab Boenlesgrab erreichen wir, immer steigend, in 25 Min. einen breiteren Weg, auf dem wir mit *gelbem Balken* nach rechts hochsteigen und nach weiteren 7 Min. einen anderen, auf dem wir nach links aufwärts wandern. 10 Min. später überqueren wir einen Weg und erreichen ab hier in einer knappen Viertelstunde einen Bunker, der auf die *Schellimatt*, eine Wiese mit Jugendherberge, herabsieht. Wir wandern auf breitem Weg geradeaus am Bunker vorbei. Bei den nach 150 m und 300 m auftretenden Gabelungen gehen wir rechts hoch und gelangen am Waldrand zu einer Alm.

700 m weiter biegt der Weg nach rechts zum *Petit Ballon* mit *gelbem Balken*. Vom Gipfel mit Muttergottes-Statue (Inschrift: Regina Pacis, ora pro nobis/Königin des Friedens, bete für uns) sieht man den hohen, ebenfalls

Die Tracht, viele Volkslieder und das Alphorn der Malker (Melker) des Münstertales erinnern an die Schweizer Älpler

kahlen Hohneck samt Hotel auf der runden Bergkuppe, sowie im Norden von links nach rechts die hochgelegenen Orte *Hohrodberg* und *Drei Ähren*. Wenn wir vor der Muttergottes stehen und nordwärts schauen, gehen wir halblinks weglos zum Haus der Naturfreunde der Sektion Gebwiller, wo auch Nichtmitglieder übernachten können. Etwas tiefer, in Rufweite, liegt der *Bergbauernhof Rothenbrunnen* (1170 m), der normalerweise das ganze Jahr geöffnet ist. Man sollte aber den noch vor Anmarsch anrufen. Vom *Naturfreundehaus* wandern wir abwärts zum Parkplatz des *Petit Ballon*, wo wir rechts in eine sehr breite Naturstrasse einbiegen.

Nach 10 Min., kurz bevor die Naturstrasse enger wird, gehen wir mit rotem *Andreaskreuz* links abwärts zum Bergbauerngasthof *Kahlenwasen/Au Petit Ballon* (geschlossen ungefähr von Mitte November bis Ostern). Ab hier führt die Strasse bergab über 700 m zum Parkplatz *Buchwald*.

14 Vom wildromantischen Wormsatal über Fischboedle, Gaschney und Braunkopf

Von Metzeral im hintersten Münstertal, der Wormsa entlang, über den Fischboedle und Schiessrothried zur Hochmatte Gaschney, dann abwärts über den Braunkopf nach Metzeral.

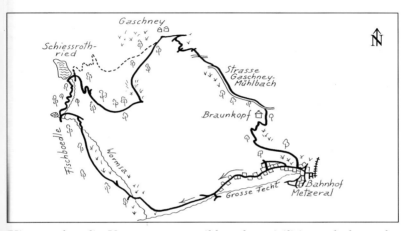

Hier werden die Vogesen etwas wild und unzivilisiert, als hätte der Mensch in den Tiefen des Wormsatales kaum eingegriffen. Dann geht's über zwei Bergseen zu einer Hochmatte mit Gasthöfen, wo der zivilisierte Abstieg über den mit Chalets besäten Südwesthang des Berges beginnt.

Ausgangsort: Bahnhof Metzeral oder Parkplatz bei der Steinabruck in Metzeral
Gehzeit: 4½ Stunden
Weglänge: 14 km ab Bahnhof oder ab Parkplatz bei der Steinabruck
Höhenunterschied: 500 m
Karten: Carte du Club Vosgien, *Colmar Münster* 1:50 000. Carte du Club Vosgien, *Hohneck Petit Ballon* 1:25 000
Verpflegung und Unterkunft: 3 Hotel-Restaurants, 1 Restaurant und 1 Hotel in Metzeral. 2 Hotel-Restaurants auf 1100 m: *Gaschney* Tel. 068-77 71 81; *Schallern* Tel. 068-77 61 85. *Ferme-Auberge du Gaschney* (Bergbauerngasthof), Tel. 068-77 63 73; *Ferme-Auberge du Braunkopf,* Tel. 068-77 60 53; *Ferme-Auberge Schiessroth,* Tel. 068-77 63 63 / 77 64 13
Zeltplatz: Mittlach (68 380 Metzeral), Tel. 068-77 63 77
Hin- und Rückreise: Bahn bis Metzeral. Auto bis Parkplatz bei der Steinabruck in Metzeral
Verkehrsbüro: 69 140 Munster, Tel. 068-77 31 80

Hinweise/Bemerkungen:
Diese Wanderung sollte man zwischen dem 1. Mai und Ende September machen, wenn die Bergbauerngasthöfe geöffnet sind.
Da der Weg im Wormsatal während einiger Zeit über Geröll führt, sollte man diesen Teil nicht mit rutschigen Turnschuhen begehen.

Westlich von der Stadt Münster gabelt sich das Münstertal in ein Klein- und in ein Grosstal. In diesem, dem südlichen Tal, liegt Metzeral, dessen Bahnhof zugleich Endstation ist. Den Bahnhof Metzeral verlassend, gehen wir vorbei am *Hotel Terminus*, über eine Brücke, und gleich nach rechts über eine zweite Brücke. An der nächsten links abbiegenden Strasse sind die Markierungen der Wanderungen angegeben. Wir folgen dem *roten Balken*. Wir bleiben über 1½ km auf der gleichen langgestreckten Strasse, die uns ans andere Ende des Dorfes bringt, wo sich ein grosser Parkplatz bei der *Steinabruck* befindet.

Wir gehen rechts entlang dem Parkplatz und treffen 100 m weiter auf eine Gabelung, wo wir uns links halten. Unser nächstes Ziel, der *Fischboedle*, ist gemäss Schild von Durchschnittswanderern in 1 Stunde 20 Min. zu erreichen. Der breite Weg verläuft erst parallel zur *Grossen Fecht*, kurvt dann nach rechts bis zu einer Wiese, wo wir nach links abschwenken. Über dem hinteren Ende des Wormsatales erhebt sich der runde Hohneck mit Gipfelhaus. Gleich überqueren wir die Wormsa, die uns fortan auf unserer rechten Seite rauschend begleitet. Etwa 50 m nach Überquerung der Wormsa führt ein Weg nach links zum Dörflein Mittlach (mit Zeltplatz). Obwohl dieser Weg mit *rotem Balken* markiert ist, kommt er für uns nicht in Frage. Auch die Mittlacher müssen eben zum Fischboedle mit *rotem Balken*.

Hundert Meter nach der bald rechts auftauchenden Sennhütte erreichen wir eine Gabelung, wo wir uns links halten. Vor uns, links vom Hohneck, erheben sich die gewaltigen, granitenen Felsen der Spitzköpfe, an denen gekraxelt werden kann. Der Pfad, teilweise über Geröll führend, doch immer gut erkennbar, fordert Kraft in den Fussgelenken. Wir wandern über die Moränen eines Eiszeitgletschers. Nach fast einer Stunde seit Beginn der Wanderung erleben wir, wie die Wormsa sich in mehrere Sturzbäche aufteilt. Diese überqueren wir auf Holzbrücklein, um schliesslich in wenigen Minuten auf einem sanft steigenden, breiten Weg, über zwei Steinbrücken, zum rechts über uns liegenden Fischboedle zu gelangen, einem aufgestauten Gletschersee in engem Kessel. Dieser kleine Bergsee verlebt hier geruhsame Tage in der stillsten Waldeinsamkeit und spiegelt in seinem engen inneren Grund die Weite des Himmels.

Unser Weg wendet sich nun mit *rotem Balken* nach rechts Richtung Stausee *Schiessrothried*. Besonders während des Zickzackes im steilen Teil achte man gut auf die Markierung. Wir gelangen nach 15 Min. auf einen breiteren Waldweg, in den wir nach rechts einbiegen, um ihn gleich wieder

Illustration zur Sage vom Fischboedle

nach links zu verlassen. So erreichen wir, etwa 25 Min. nach unserem Weggang vom Fischboedle, den Stausee mit einigen Chalets und einem Ferienheim, wo es sich lohnt, ein bisschen an den Ufern herumzubummeln und herumzulungern.

Nach Überquerung des Staudammes steigen wir rechts aufwärts auf breitem Weg, von nun an mit *blauem Balken*. Nach

200 m – wir sind fast hinter dem Ferienheim – geht ein Weg spitzwinklig links hoch zum Hohneck *(roter Balken)*. Unser Pfad steigt geradeaus (Schild Richtung Gaschney). 4 Min. später schwenken wir nach links hoch auf einen breiten Weg, der gleich spitzwinklig nach rechts kurvt und nach einigen Minuten in einen noch breiteren, gleich gerichteten Weg mündet. Dieser führt nach wenigen Minuten links um den Berg. Nach rund 15 Min. kommen wir an eine Wegspinne und erkennen in der Ferne vor uns die in den Himmel ragenden Skilifte der *Hochmatt Gaschney*.

Ausgehend vom Gaschney können wir einen Abstecher zur *Ferme-Auberge Schiessroth* (25 Min.) machen, die am Südhang des Kleinen Hohnecks, über dem Stausee Schiessroth, liegt. Am *Gaschney* selber gibt es einen Bergbauerngasthof und auch ein Hotel-Restaurant.

Den Rückweg antretend, verlassen wir den grossen Gaschney-Parkplatz Richtung Tranformatorenturm auf der breiten Strasse, die sich nach Mühlbach talwärts schlängelt. Nach 150 m biegen wir mit *blauer Scheibe* rechts spitzwinklig in einen breiten Weg, den wir bereits nach 120 m für einen links abzweigenden Pfad verlassen. Wir erleben in schneller Abfolge (etwa mit 5minutigem Abstand) die Überquerung von 2 breiten Wegen und von der grossen Mühlbach-Gaschney-Strasse, auf der wir 20 m nach rechts gehen müssen, um die Fortsetzung des Pfades zu finden. Der Pfad wird bald zum breiten Waldweg. Wo dieser sich spitzwinklig wendet, gehen wir geradeaus auf einen Pfad und kommen gleich wieder auf die *Mühlbach-Gaschney-Strasse*. Auf dieser gehen wir abwärts, gezwungenermassen 1,1 km auf geteerter Strasse, um uns dann vor die zur Rechten stehenden *Ferme-Auberge Braunkopf* zu begeben.

Wer hier warm essen möchte, sollte vorher bestellen (geschlossen ab circa 10.12. bis Skisaison sowie donnerstags). Parallel zum länglichen Gebäude gehen wir weiter auf einem breiten Weg mit Feuerstellen auf der linken Seite. Wir sind noch 30 Min. von Metzeral entfernt. Wo der Weg nach 12 bis 15 Min. (ab Braunkopf) zum zweiten Mal spitzwinklig nach rechts kurvt, gehen wir geradeaus weiter auf einem gut gespurten Pfad mit *blauer Scheibe*. Vom Tal grüsst schon die Ortschaft Metzeral. Der kahle Berg vor uns ist der *Kahle Wasen (Petit Ballon)*. Unser Pfad bringt uns in wenigen Minuten auf ein Strässlein. Wo dieses sich im spitzen Winkel nach rechts wendet, wandern wir geradeaus abwärts. Bei den ersten Häusern von Metzeral gehen wir nicht links in die Hohneck-Strasse, sondern ungefähr geradeaus abwärts bis zur grösseren Querstrasse. Wer mit dem Auto gekommen ist, wandert hier nach rechts 1½ km bis zum Parkplatz an der *Steinabruck*. Zum Bahnhof geht es nach links und 100 m weiter nach rechts. Diese Strassen sind uns bereits bekannt.

15 Über den Felsenpfad von der Schlucht zum Hohneck

Von der Passhöhe der Schlucht auf dem Felsenpfad (Sentier des Roches) zum Frankenthal, dann hoch zum Schaeferthal-Sattel, über den Hohneck zurück zur Schlucht.

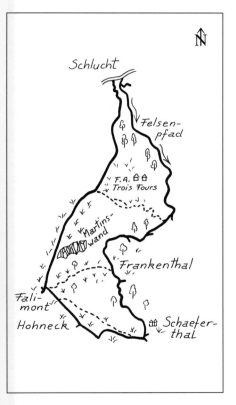

In einem steilen felsigen Hang führt der Felsenpfad teilweise über Geröll zur breiten, kesselartigen Alm des Frankenthales (1030 m). Hier beginnt der Aufstieg zum Hohneck (1362 m), der die umliegenden Vogesenberge beherrscht und sanft zur Schlucht hin abfällt.

Ausgangsort: Schlucht (1139 m) erreichbar über Colmar und Münster
Gehzeit: 4 Stunden
Weglänge: 10 km

Höhenunterschied: 300 m
Karten: Carte du Club Vosgien, *Colmar Münster* 1:50 000. Carte du Club Vosgien, *Hohneck Petit Ballon* 1:25 000

Verpflegung und Unterkunft: 2 Hotel-Restaurants auf der Schlucht, Tel. 068-77 36 44 und 003329-63 11 37. *Ferme-Auberge des Trois Fours,* Tel. 068-77 31 14 / 77 61 06. *Hotel-Restaurant auf dem Hohneck* (1362 m), Tel. 003329-63 11 47
Hin- und Rückreise: Zug bis Colmar, Bus bis Schlucht; Auto
Verkehrsbüro: 68 140 Munster, Tel. 068-77 31 80

Hinweise/Bemerkungen:
Bei Glatteis und Schnee sollte man unbedingt den Felsenpfad vermeiden.

Wir gelangen zur Schlucht auf der Strasse *Munster-Gérardmer,* die 1842 begonnen und 1869, unter Napoleon III., fertiggestellt wurde. Gegenüber dem *Hotel des Roches,* dem ersten Bau rechts auf der Passhöhe, führt ein Weg abwärts zum *Felsenpfad (Sentier des Roches).* Wir erreichen gleich eine Gabelung, wo wir uns rechts halten und dem *blauen Balken* folgen. Der Felsenpfad wurde früher nach dem Namen seines Erbauers *Strohmeyer-Pfad* genannt. Er verläuft auf- und abwärts in einem steilen, felsigen Hang immer etwa auf gleicher Höhe zwischen Kamm und Tal. Wo er sich am Rande von steil abfallenden Felsen bewegt, ist er abgesichert mit Geländern, die allerdings stellenweise ein fortgeschrittenes Stadium von Auflösung erreicht haben. Obwohl normalerweise keine Gefahr besteht, sollte man einige Geländer erneuern. Wenn Eis und Schnee den Pfad bedecken, ist er gefährlich.

Die Gemsen kennen die Gefahr nicht. Ein ganzes Rudel sehe ich voller Grazie im Steilhang hüpfen. Zwanzig Minuten nach Beginn der Wanderung stehen links ein Tisch und Bänke auf vorspringendem Felsen mit Blick auf das *Kleintal* (das kleine Münstertal). Nach rund einer Stunde im Felsenpfad kommen wir zu einer Gabelung. Rechts geht's mit *blauem Dreieck* in einer Stunde zur *Ferme-Auberge des Trois Fours* (Bergbauerngasthof). Wer sich schonen möchte, könnte hier abkürzen. Dem *blauen Balken* folgend, sehen wir (auf dem Kamm vor uns) drei aneinandergefügte Bauten auf dem *Schaeferthal-Sattel* (1228 m) und stossen bald auf einen breiten Forstweg, dem wir aufwärts folgen. Wenn gelegentlich das Zeichen *gelbe Scheibe* auftaucht, so soll uns das nicht irremachen. Wir sind richtig. Das Zeichen, das die Wanderer von Ampfersbach und Stosswihr herauflotst, führt ebenfalls zum Frankenthal.

Etwa 1½ Std. nach Beginn unserer Wanderung erreichen wir einen grossen Kessel mit 2 Häuschen, das *Frankenthal* (1030 m). Wir könnten nun, zum Abkürzen, rechts zum *Col de Falimont* (Sattel) steigen, dessen Mulde wir am Horizont erkennen, gehen aber gerade weiter, dann, nach 250 m, rechts hoch. Wo wir unter steile Felsen zu stehen kommen, führt ein Weg links mit *blauem Balken* zum Gaschney. Wir folgen rechts

Felsenpfad-Stimmung

dem *blauen Dreieck* zum *Schaeferthal-Sattel.* Wenn wir uns bei diesem Aufstieg umdrehen, erblicken wir hinter uns, auf der anderen Seite des Kessels, die steile *Martinswand,* in der im Sommer geklettert wird. Nach einem halbstündigen Aufstieg erreichen wir einen Kammpfad. Links böte uns ein Felsen einen lohnenden Blick in die Runde.

Rechts führt unser Kammpfad zur Passhöhe, dem *Schaeferthal-Sattel* (1228 m) und von hier nach rechts zum *Hohneck.* Wenn man sich bei der Gratwanderung zum Hohneck ein bisschen links hält, sieht man links unten den Stausee Schiessrothried und sein Ferienheim. Auf dem Gipfel des *Hohnecks* (1362 m) treffen wir auf ein Hotel-Restaurant (im Sommer geöffnet) und auf eine Orientierungstafel, denn der Rundblick ist hier einmalig. An klaren Tagen erkennt man links vom *Grossen Belchen (Grand Ballon),* der sich vor anderen Bergkollegen durch seinen Turm auszeichnet, die Silhouette der Schweizer Berge *Eiger, Mönch* und *Jungfrau.*

Vom Hohneck erreicht man die Schlucht in 50 Min. Beim Abstieg vom *Hohneck* sehen wir rechts noch einmal die steilen Felsen der *Martinswand,* dahinter den von uns angesteuerten Bergbauerngasthof *Trois Fours,* während auf unserer linken Seite die Skilifte des Kastelberges in einiger Entfernung erkennbar sind. In wenigen Minuten erreichen wir die *Passhöhe des Falimont* (1239 m) und dann in ½ Std. den Bergbauerngasthof *Trois Fours* (geöffnet vom 8. Mai bis Anfang Oktober und vom 20. Dezember bis zum 15. April, montags geschlossen). Von der Bergweide um *Trois Fours* geht es ungefähr geradeaus zur Schlucht. An diesem Weg gibt es noch Grenzsteine aus der Zeit zwischen 1870 und 1918, während der das Elsass zu Deutschland gehörte.

16 Drei Burgen und Klösterliches in Ribeauvillé

Von Ribeauvillé (elsässisch: Rappschwihr) über Ulrichsburg, Girsberg und Haut-Ribeaupierre/Hohrappoltstein zu den Dusenbachkapellen und zurück über den Maria Raydt-Pfad.

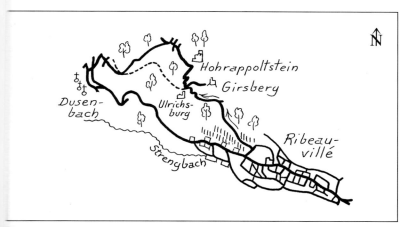

Über Rebberge und bewaldete Hänge steigen wir zu den «drei Burgen auf einem Berg» und dann abwärts zu den abgeschiedenen, in einem Tälchen gelegenen Kapellen von Dusenbach.

Ausgangsort: *Ribeauvillé/Rappoltsweiler* (mundartl.: *Rappschwihr*), 14 km nordwestlich von Colmar
Gehzeit: 3 Stunden
Weglänge: etwa 9 km
Höhenunterschied: 380 m
Karten: Carte du Club Vosgien, *Colmar Munster* 1:50 000. Carte du Club Vosgien, *Taennchel Dambach* 1:25 000
Verpflegung und Unterkunft: Gaststätte bei den Dusenbach-Kapellen. In Ribeauvillé: 7 Hotel-Restaurants (davon 2 ****: *Le Clos Saint Vincent,* Tel. 068-73 67 65; *Des Vosges,* Tel. 068-73 61 39) und 9 Restaurants
Zeltplätze: *Camping Pierre de Coubertin*****, Tel. 068-73 66 71. *Camping des Trois Châteaux**, Tel. 068-73 60 26
Hin- und Rückreise: Eisenbahn und Autobus. Auto: Autofahrer parken auf dem *Place de la République* am westlichen Ende des Ortes
Verkehrsbüro: 68150 Ribeauvillé, Tel. 068-73 62 22

Hinweise / Bemerkungen:
Die Herren von Rappoltstein, denen die drei Burgen gehörten, besassen als Reichslehen das *Pfeiferkönigtum* über die Spielleute (Musikanten) zwischen Hauenstein (südöstlich von Basel) und dem Hagenauer Forst. Die *Pfeifer* kamen jedes Jahr nach Rappoltsweiler (heute Ribeauvillé), um ihrem König die Anliegen ihres Standes vorzutragen. Noch heute erinnert alljährlich am ersten Sonntag im September der *Pfiferday* mit historischem Umzug an die Treffen der früheren Musikanten.

Am westlichen Ende der Stadt, beim Stadtgarten, hält der Bus. Hier beginnt die 1 km lange malerische Hauptstrasse *(Grand'Rue),* der wir folgen. Die Nummer 3 ist das *Verkehrsamt*. Wir gehen auf der Hauptstrasse bis zum *Place de l'Hôtel de Ville* (Rathausplatz) mit dem im 13. Jh. begonnenen und 1536 aufgestockten *Metzgerturm*. In unserer Marschrichtung, 1 km lang immer westlich eingestellt, münden wir schliesslich in den grossen *Place de la République* mit zentral plätscherndem Sandsteinbrunnen.

Am Ende dieses Platzes, auf der rechten Seite, führt ein Weg entlang der alten Stadtmauer (Markierung *roter Balken)* zu den drei Burgen. Nach einigen Minuten gelangen wir an eine Gabelung. Wir nehmen links den zügig steigenden Weg, der um den Rebberg biegt. Nach rund 5 Min. erhebt sich linker Hand ein hölzerner Rundbau, der eine schöne Aussicht auf das Tal des *Strengbaches* und das südlichere Gebiet von *Hunawihr* gewährt. Danach arbeitet sich der Weg zum Naturlehrpfad mit Sitzbänken empor.

Nach rund 40 Min. (ab Stadtmauer) gelangen wir an die ersten Mauerreste der *Ulrichsburg*. Von der Burg geniessen wir eine schöne Aussicht über *Ribeauvillé* nach *Hunawihr* mit seiner Wehrkirche inmitten der Reben, hinter deren Wehrmauern die Bauern sich verschanzten, wenn Kriege oder Räuberbanden ihr Dorf unsicher machten. Die Ulrichsburg ist ein hervorragendes Beispiel staufischer Burgenbaukunst. Das Prunkstück der Anlage ist der Rittersaal mit 9 doppelbogigen romanischen Fenstern, die alle mit steinernen Sitzbänken versehen sind.

Ab Ulrichsburg gehen wir 30 m aufwärts zu einer vielbeinigen Wegspinne. Der Weg nach rechts mit *gelbem Kreuz* führt, etwa auf gleicher Höhe bleibend, in 5 Min. zur Ruine *Girsberg*. Diese zeichnet sich aus durch die Bauweise, die in der Burgenarchitektur um 1200 aufkam (siehe im Ausflug Nr. 18 die Burgen *Bernstein* und *Ortenburg).* Zur Verteidigung der schwachen Seite steht auch hier ein fünfeckiger Bergfried. Vom Girsberg kommen wir auf dem von uns vorher begangenen Weg zur vielbeinigen Wegspinne zurück. Wanderer, an denen sich nach dieser ersten Stunde bereits Ermüdungserscheinungen zeigen, könnten von dieser Wegspinne aus auch direkt mit *gelbem Kreuz* zu den *Dusenbach-Kapellen* gehen.

Die Fitteren gehen jetzt mit *rotem Balken* auf einem stark steigenden steinigen Pfad in 20 Min. zum *Hohrappoltstein* (Haut-Ri-

Drei Burgen über Ribeauvillé (elsässisch = Rappschwihr)

beaupierre), einer Burgruine, die auch *Altenkastel* genannt wird. Wo der Weg auf der Bergkuppe flach wird, sollten wir unsere Blicke nach rechts schweifen lassen. Zwischen dem Geäst schimmert das Gemäuer der Ruine hindurch. Wegen fehlender Markierung (Stand 1990) könnte man an dieser Burg vorbeigehen, ohne sie zu bemerken. Vom Bergfried geniessen wir eine umfassende Aussicht nach dem südlichen *Ribeauvillé* und dem entfernteren südöstlichen *Colmar*. Im Norden erblicken wir die imposante Anlage der *Hohkönigsburg* und nordöstlich die Stadt *Sélestat/Schlettstadt*.

Wir trauen weiter dem *roten Balken*, der uns heraufführte. Nach 5 Min. treffen wir auf eine Wegspinne. Der zweite Weg nach links führt nach den *Dusenbach-Kapellen* (rechts ginge es nach *Thannenkirch* und zur *Hohkönigsburg*). Wir wandern nun talwärts, kreuzen nach 6 Min. einen Weg, der zum *Taennchel* führt, und kommen schliesslich an einen breiten Waldweg, der von der Ulrichsburg herkommt *(gelbes Kreuz)*, und auf dem die weniger Fitten (die abgekürzt hätten) gekommen wären. Hier sässen sie nun beim *Kahlfelsen* unter einer Eiche, denn hier laden Tisch, Sitzbänke und Feuerstelle zur regenerierenden Rast.

Vom *Kahlfelsen* führt ein Weg mit *gelbem Kreuz* abwärts Richtung *Dusenbach-Kapellen*. Nach 10 Min. überquert unser absteigender Weg einen Pfad, der auch zum Ziel führt. Wo unser Weg auf einen fast flachen breiteren stösst, biegen wir nach links. Gleich sehen wir rechts in einem Tälchen die *3 Dusenbach-Kapellen,* zu denen, gegenüber den 2 kleinen Kapellen, ein Pfad abwärts führt. Nach Besichtigung der Kapellen, eventuell auch des Ausschanks, steigen wir den gleichen Pfad wieder aufwärts und folgen nach rechts (auf dem breiten Weg) dem *blauen Dreieck*. Nach 6 Min., uns immer an das *blaue Dreieck* haltend, verlassen wir den breiten Weg für einen Pfad linker Hand. Dieser sogenannte *Maria Raydt-Pfad* ist ein schönes, gemütlich abfallendes Finale, von dem wir uns nach *Ribeauvillé* zurücktragen lassen. Wir münden schliesslich in eine breite geteerte Strasse, die uns, immer in gleicher Richtung, nach wenigen Minuten auf den *Place de la République* mit seinen Gaststätten zurückbringt. Zu eben dem Platz, der sich dadurch auszeichnet, dass in seiner Mitte ein Brunnen plätschert. Wenn Sie gut hinhören, erzählt er Ihnen, wie der Weg weitergeht. Aber den kennen Sie ja schon.

17 Zur Königin der elsässischen Burgen

Von Saint-Hippolyte über das Langenthal, den Gasthof Schaflaeger und das Hotel-Restaurant Haut-Koenigsbourg zur Hohkönigsburg. Dann abwärts über Schaentzel, Teufelsloch und Gloriette.

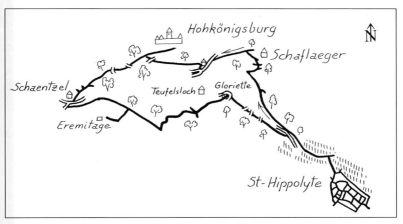

Durch sanft geschwungene Rebenhügel und Wälder über Gasthöfe gelangt man zur ritterlichen Welt der Hohkönigsburg mit ihren Zugbrükken, Wehrgängen, Türmen, Wendeltreppen, Gemächern und Rittersälen. Die meistbesuchte Burg in Frankreich! Eine Traumwelt für Kinder!

Ausgangsort: Saint-Hippolyte, 9 km südwestlich von Sélestat
Gehzeit: 3 Stunden
Weglänge: 10 km
Höhenunterschied: 400 m
Karten: Carte du Club Vosgien, Se-Odile Donon Haut-Koenigsbourg 1:50 000. Carte du Club Vosgien, Taennchel-Dambach, 1:25 000
Verpflegung und Unterkunft: 5 Hotel-Restaurants (davon ein ***: *Aux Ducs de Lorraine*, Tel. 068-73 00 09) in St-Hippolyte. *Auberge du Schaflaeger*, Tel. 003388-82 22 69. *Hotel-Restaurant Haut-Koenigsbourg*, Tel. 003388-92 10 92
Hin- und Rückreise: Auto bis zum Rathaus von Saint-Hippolyte. Bahn und Fahrrad ab Bahnhof St-Hippolyte
Verkehrsbüro: 67 600 Sélestat, Tel. 003388-92 02 66

Hinweise/Bemerkungen:
Abt Fulrad von St.-Denis, vermutlich in St.-Hippolyt geboren, gründete hier zwischen 768 und 774 ein Kloster, dem er Reliquien des Heiligen Hippolyt zukommen liess.

Die Wanderung beginnt 6 km südwestlich von *Sélestat/Schlettstadt* in *St-Hippolyte/St. Pilt,* einem Weindorf am Fusse der Vogesen im Osten der Hohkönigsburg. St-Hippolyte, wo noch Bauten aus dem 16. und 17. Jahrhundert erhalten sind, verdankt einen Teil seiner Berühmtheit der Hohkönigsburg, den anderen seinem Pinot Noir (Spätburgunder). Ein Wein, der durch die Herzöge von Lothringen aus Burgund eingeführt wurde.

Wer mit dem Zug anreist und das Fahrrad nicht dabei hat, muss sich auf eine längere Wanderung gefasst machen, denn der Bahnhof der Ortschaft liegt 3 km östlich der Dorfmitte. Man wandert vom Bahnhof aus immer nach Westen, auf zwei Strässlein mit sehr geringem Verkehr.

Zwischen dem Rathaus und dem Hotel-Restaurant *A la Vignette* gehen wir die *Rue de la Montée* sanft aufwärts bis zur Nr. 21, zuletzt mit Blick auf das grosse Schulgebäude (Collège). Vor der Nr. 21 wenden wir uns nach links, steigen die Steintreppe links vom Bach hoch und biegen nach rechts in das geteerte Strässlein. Der 100 m weiter erreichte *zweite* Weg nach links (nicht der dritte, wo sich auch ein Schild befindet) ist der richtige. Mit *rot-weiss-rotem Balken* und *blauer Scheibe* gehen wir 200 m auf ihm aufwärts bis zu einer quergestellten Stützmauer, wo wir nach links abschwenken. 3 Min. später, wo unser Weg zur Strasse biegt, gehen wir einen kleineren grasigen Pfad geradeaus. Vor uns auf dem Berg steht die massiv proportionierte Hohkönigsburg, die Königin aus rotem Sandstein. Wir gehen ungefähr geradeaus, bis unser Weg die spitzwinklige Kurve der Strasse erreicht. Unser Ziel heisst hier *Schaflaeger.*

Wir steigen auf breitem Waldweg ins *Langenthal,* bis wir nach 300 m zu einer Gabelung gelangen, wo wir den linken, direkten Weg zum Schaflaeger wählen. Gegen Ende einer steilen Steigung biegen wir spitzwinklig nach rechts in einen vorerst fast flachen Pfad, der uns mit *roter Scheibe* durch Eichengehölz führt. Nach 5 Min., bei der nächsten Gabelung, steigen wir links hoch, überqueren einen breiten Waldweg und erreichen bald den Gasthof Schaflaeger *(Auberge du Schaflaeger,* 492 m). Hier gibt es an Samstagen, Sonntagen und Festtagen ab 19 Uhr *Flammekueche*, eine ausgezeichnete elsässische, vor allem unterelsässische Spezialität.

Vom *Schaflaeger* gehen wir bis zur Strasse hoch, vor der wir links einbiegen (ohne sie zu überqueren). Bald kommen wir an eine Gabelung, deren rechter Weg mit *rot-weiss-rotem Balken* zur Hohkönigsburg über die Nordseite führt. Wir halten uns links mit *roter Scheibe* und erreichen bald die Strasse, auf der wir bis zum Hotelrestaurant *Haut-Koenigsbourg* wandern. An der linken Seite des Hotels steigen wir mit *rot-weiss-rotem Balken* eine Treppe hoch. Hinter der Hotel-Garage steigen wir dann mit *rotem Balken* bis zu einem breiten Weg, in den wir nach rechts biegen, obwohl die Markierung auf der linken Seite angebracht ist (!). Vom breiten Weg geht es nach 100 m wieder spitzwinklig nach links auf einen

Hohkönigsburg

Pfad. Nach Überquerung eines Waldweges (auf dem wir 10 m nach links gehen) erreichen wir die Hauptstrasse, wo die Parkplätze bereits die relative Nähe der Burg ankündigen. Wir überqueren, halblinks abschwenkend, die Strasse und gleich danach eine Rinne. Nach wenigen Minuten stossen wir auf einen breiten Weg. Links wären es 1,1 km zum *Schaentzel* (unser Rückweg). Rechts bringt uns der Weg zur *Hohkönigsburg*.

Die *Hohkönigsburg* (755 m) war noch am Ende des 19. Jahrhunderts völlig ruiniert. Sie wurde erstmals im Jahre 1147 erwähnt. Damals gehörte ein Turm dem *Kaiser Konrad III.* und ein zweiter dem künftigen *Kaiser Friedrich Barbarossa*. Sie wechselte mehrmals den Besitzer, wurde zum Raubritternest und als solches 1462 zerstört. Ab 1479 restaurierten die *Grafen von Thierstein* die Festung, die 1633 abermals zerstört wurde. Die Stadt Schlettstadt (heute Sélestat) schenkte sie 1899 dem Kaiser Wilhelm II., der sie zwischen 1900 und 1908 durch den Berliner Architekten *Bodo Ebhardt* in Anlehnung an den Thiersteiner Umbau von 1479 restaurieren liess. Dies nicht zur einhelligen Freude der Kunsthistoriker, die meinen, die Phantasie des Architekten sei zuweilen stärker gewesen als sein durchaus vorhandenes Bemühen um historische

Wahrheit. Nichtsdestotrotz ist die Hohkönigsburg heute die meistbesuchte Burg in Frankreich.

Wenn wir die Hohkönigsburg verlassen, gehen wir in spitzem Winkel nach links zur Aussichtsterrasse. Vor uns liegen der Ort *Orschwiller,* weiter rechts das umfangreichere Dorf *St-Hippolyte,* und in grösserer Entfernung, halblinks, die Stadt *Sélestat/ Schlettstadt.* Wir kommen dann zurück bis zum uns bereits bekannten Punkt, der 1,1 km vom *Schaentzel* liegt, gehen hier mit *rotem Balken* gerade weiter, überqueren zweimal die Strasse und dann einen Weg. Wir wandern jetzt immer etwa in gleicher Richtung. Rechts sieht man über dem nördlichen Bergen des Weilertales eine Antenne und weiter rechts die Frankenburg. Gleich sind wir am Gebäude des *Schaentzel,* das einem Hotel der Belle Epoque ähnlich sieht; zur Zeit (1990) wird es neu hergerichtet.

Rund 250 m weiter, auf der Strasse *St-Hippolyte–Thannenkirch,* biegen wir spitzwinklig abwärts auf einen Pfad mit *blauer Scheibe*. Etwa 10 Min. später zielt rechts ein Weg abwärts Richtung *Feenfelsen* (100 m) und *Eremitage*. Wir machen einen Abstecher dahin. Der unscheinbare Feenfelsen ist ein Witz neben anderen phantastischen Feenfelsen der Vogesen. In weniger als 10 Min. erreichen wir quer über ein enges Tälchen die alte *Einsiedelei,* wo noch *Reste einer Kapelle* und der Grabstein eines Einsiedlers, der 1721 starb, erhalten sind. Von hier sieht man durch das Gezweig die Burg.

Wir kommen zum Ausgangspunkt unseres Abstechers zurück. Ab hier gehen wir weiter abwärts und münden 10 Min. später in einen breiten Waldweg, in den wir nach links mit *blauer Scheibe* einbiegen. 6 Min. später sind wir an der Wegspinne des *Teufelsloches* (426 m), wo Tische und Bänke bereit sind, die müden Glieder zu empfangen. Wir wandern geradeaus, gehen nach 150 m nicht halbrechts mit *blauer Scheibe* nach *St-Hippolyte*, sondern bleiben auf dem Naturstrásslein. Wo wir fast auf die Hauptstrasse geraten, begeben wir uns nach links und sofort wieder nach rechts auf einen Pfad mit *weissem Ring,* der uns in wenigen Minuten zum sogenannten *keltischen Richtfelsen* bringt, der bei Gericht eine Rolle gespielt haben soll. Er trägt auf der oberen Fläche drei stufenweise angeordnete Becken.

20 m weiter kommen wir an die Hauptstrasse, vor der wir nach rechts abschwenken, um gleich die achteckige Hütte *Gloriette* zu erreichen. Wir steigen rechts von der Hütte ab, über die Strasse, in eine Tannenallee. Noch dreimal überqueren wir in den nächsten Minuten die Strasse und wandeln schliesslich in einem Maronengehölz. Wo wir wieder auf die Strasse kommen und die Reben vor uns sehen, gehen wir auf der Strasse einige Meter bergan und dann halbrechts mit *roter Scheibe*. Gleich erreichen wir den Weg, den wir bereits kennen.

18 Über Rebberge, Wälder und Burgen bei Dambach-la-Ville

Von Dambach-la-Ville über die Sebastianskapelle zur Ruine Bernstein. Dann Wanderung auf dem Kamm zur Ortenburg und zurück über Dieffenthal.

Von den malerischen Gässchen des Weinstädtchens Dambach wandern wir durch Rebberge an der kunstvollen Sebastianskapelle vorbei in die höher liegenden Wälder zu Burgen mit herrlichen Ausblicken auf die elsässische Ebene, den Kaiserstuhl und den Schwarzwald.

Ausgangsort: Dambach-la-Ville (210 m)
Gehzeit: 3½ Stunden
Weglänge: 11 km
Höhenunterschied: 300 m

Karten: *Carte du Club Vosgien, Ste-Odile Donon Haut-Koenigsbourg* 1:50 000. Carte du Club Vosgien, *Taennchel Dambach* 1:25 000

Verpflegung und Unterkunft: 3 Hotel-Restaurants, 1 Restaurant in Dambach-la-Ville
Zeltplatz: Dambach-la-Ville, *Camping Municipal*, Tel. 003388-92 48 60

Hin- und Rückreise: Bahn mit Fahrrad (ab Sélestat). Auto
Verkehrsbüro: 67 650 Dambach-la-Ville, Tel. 003388-92 41 05

Hinweise/Bemerkungen:
Neben den vielen prächtigen Fachwerkhäusern, zum Teil aus dem 16. Jh., bemerke man auch das in den Proportionen gotische Rathaus mit Treppengiebel, das an einem seitlichen Fenster die Jahreszahl 1547 trägt, aber stark verändert wurde.
Johannes von Dambach (1288–1372), der Verfasser der *Consolatio theologiae*, war der erste Rektor der 1348 von Karl IV. gegründeten Prager Universität.

Das Städtchen *Dambach-la-Ville* bei *Sélestat/Schlettstadt* besitzt den grössten Weinberg des Elsass (420 ha im Jahr 1980). Alle elsässischen Weinsorten sind hier vertreten. Mit seinen Fachwerkhäusern, gotischen Tortürmen und Resten von Stadtmauern gehört Dambach-la-Ville zu den Perlen der Weinstrasse. Der Kunsthistoriker *Dehio* nennt das Städtlein eine «Fundgrube für Holzarchitektur». Besonders malerisch ist der Marktplatz *(Place du Marché)* mit der imposanten Holzarchitektur des den Proportionen nach gotischen Restaurants *A la Couronne* aus dem Jahr 1569. Architektonische Verwandtschaft mit diesem Bau zeigt das prächtige Fachwerkhaus mit der Nummer 55 in der *Rue du Maréchal Foch*.

Diese Strasse führt uns aufwärts zum Obertor (ab hier 1 Std. bis zur *Ruine Bernstein*). 30 m nach dem Tor bringt uns ein links abzweigender Weg mit *weisser Scheibe* auf ein Strässlein, das zur *Sebastianskapelle* aufsteigt. Diese Kapelle war früher die Pfarrkirche des Dorfes *Oberkirch,* das im 13. Jh. verschwand und dessen Einwohner sich ins befestigte Dambach zurückzogen. Der Altar (1690–1692) im Chor gehört mit seiner Fülle von unbemalten Holzschnitzereien zu den interessantesten Leistungen des Barocks im Elsass. Er ist ein Werk der Bildhauer *Clemens* und *Philipp Winterhalder* aus Hinterzarten im Schwarzwald. Am Beinhaus, auf der Nordseite der Kapelle, steht der Spruch: «Wer Ihr seid, sind wir gewesen. Was wir sind, werdet Ihr sein.»

Unser nächstes Ziel ist die *Ruine Bernstein (weisse Scheibe,* 50 Min.). Links von der Kapelle und vom Forsthaus wandern wir bergan zwischen Rebberg und Gehölz. Bei der Gabelung im Wald gehen wir halbrechts bis zum Waldrand, dann 50 m den Reben entlang, um gleich wieder in den Wald zu dringen *(weisse Scheibe)*. Wo links hohe Granitfelsen von der Natur aufeinandergestapelt wurden, sollten wir spitzwinklig nach rechts abschwenken und der *weissen Scheibe* folgen. 7 Min. später überque-

Ruine Bernstein

ren wir einen breiten Forstweg und biegen 60 m weiter nach links. In 15 Min. erreichen wir die *Burgruine Bernstein* (562 m).

Diese Burg mit dem vielleicht ältesten fünfeckigen Turm des Elsass zeigt die neue Bauweise, die um 1200 in der Burgenarchitektur aufkam. Man stellt die Burg auf Felsenmassen, die aus den Hängen herausragen, so dass die Burg von drei Seiten uneinnehmbar ist. Die dem Berg zugewandte Seite wird durch einen tiefen Graben, des weiteren durch feste Wehrmauern oder einen Turm geschützt. Die Wehrmauer oder der Turm bilden den Schild, hinter dem die Wohnbauten Schutz finden. Ein Besuch der Ruine Bernstein lohnt sich. Das Eingangstor war einst mit einer Zugbrücke versehen. Auf einigen Buckelquadern sieht man noch das Loch, in das eine Spitze der Hebezange eingeführt wurde. 1206 gehörte die Burg zur Mitgift der *Dichterin Gertrud von Dagsburg.* Vom Turm geniesst man eine schöne Aussicht. Das nächste Dorf im Blickfeld ist Dambach. Gleitet der Blick nach rechts, so entdeckt er in grösserer Entfernung *Sélestat/Schlettstadt,* den Gebirgszug des Kaiserstuhls und am ganzen östlichen Horizont den Schwarzwald.

Von der Burg bergwärts wandernd, gelangen wir gleich auf einen breiten Waldweg, in den wir mit *rotem Balken* nach links (nach Süden) einbiegen. Rund 10 Min. später führt links ein Pfad steil talabwärts über 50 m zu einer Quelle. Unser breiter Waldweg erreicht einen Höhepunkt und gleitet dann abwärts, mit Sicht auf die Hohkönigsburg, zu einer grossen Wegspinne, wo wir uns halblinks auf den am steilsten abfallenden Weg begeben. Bald erscheint rechts, auf der anderen Seite des Weilertales, die *Frankenburg* als Krönung des Schlossberges. Wir erreichen einen breiten Waldweg *(Chemin forestier privé),* in den wir, immer mit *rotem Balken,* nach links einbiegen. Nach einigen Minuten trennen sich vom Hauptweg ein etwas weniger breiter Weg halbrechts und ein kaum sichtbarer Pfad links. Wir halten uns halbrechts mit *rotem Balken.* Nachdem die Hohkönigsburg auf ihrer breiten Bergkuppe wieder vor uns aufgetaucht ist, münden wir in einen breiten Weg, dem wir, unsere Richtung beibehaltend, folgen. Nach einigen weiten Bögen liegt rechts ein grasiger Platz mit Tischen und Bänken, von denen ein Pfad zur Ortenburg führt. An der bald erreichten Gabelung gehen wir rechts, den unteren Weg, zur Ortenburg. Von hier aus könnten wir einen Abstecher zur Burgruine *Ramstein* machen (5 Min. mit *rotem Balken).*

Wie die Burg Bernstein ist die *Ortenburg* (448 m) der neuen Bauweise der Jahre um 1200 verpflichtet.

Albrecht von Hohenberg-Haigerloch, ein Minnesänger, übergab diese seine Burg dem Gemahl seiner Schwester *Gertrud,* dem *Grafen Rudolf von Habsburg,* der die Anlage um 1258 neu befestigen liess. Rudolf verliess mit Gertrud die Burg, als er 1273 König wurde.

Beim Eingang der Burg (nordwestlich) beginnt unser Abstieg. Unser Ziel: Dieffenthal, 1 Stunde

Ortenburg

20 Min. mit *rotem Dreieck*. Nach 15 Min. münden wir in einen breiten Weg, in den wir nach links einbiegen. Wo der Wald gelichtet ist, erkennen wir rechts unten in der Ebene die *Kapelle Tannelkreuz,* die bei der nächsten Wegkreuzung rechts abwärts zu erreichen ist. Wir gehen hier aber geradeaus nach Dieffenthal *(rotes Dreieck)*. Nach 2½ Min., in der spitzwinkligen Kurve, geht ein Pfad geradeaus (nicht markiert). Durch Gehölz erreichen wir ein Rebstück, auf dessen rechter Seite wir auf überwachsenem Weg (Stand 1990) talwärts wandern, um schliesslich nach links in einen breiten Weg

einzubiegen. Wir wandern nun unentwegt in dieser nördlichen Richtung durch das Rebgelände.

Die Kirche von *Dieffenthal* taucht vor uns auf. Wir durchwandern den Ort. Wo die Hauptstrasse nach rechts biegt, gehen wir mit *rot-weiss-rotem Balken* geradeaus in die Rebenhügel. Kurz vor Dambach, bei der Gabelung mit Kruzifix, wenden wir uns nach rechts abwärts und, 150 m weiter unten, nach links. Am Ortseingang von *Dambach* biegen wir nach links in den Weg, welcher der Stadtmauer folgt, und münden so in das uns bekannte Strässlein unterhalb der *Sebastianskapelle*.

19 Von Andlau bis Hohandlau, Spesburg und Hungerplatz

Vom Hotel-Restaurant Kastelberg in Andlau über den Kastelberg, den Richardis-Felsen und Burgruine Hohandlau zum Gasthof Hungerplatz. Von hier abwärts über die Spesburg nach Andlau.

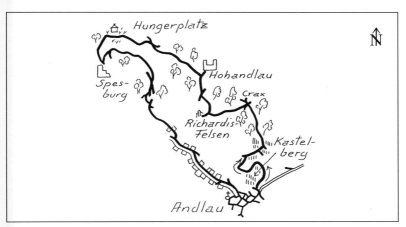

Durch die Reben des Kastelberges bieten sich schöne Aussichten auf das Städtchen Andlau und das Tälchen der Andlau. Dann geht's auf langem Bergrücken und gemütlichem Weg zum gern besuchten Hungerplatz mit Gasthof, Spielplatz und Wiese.

Ausgangsort: Andlau, beim Hotel-Restaurant Kastelberg
Gehzeit: 3 Stunden
Weglänge: etwa 10 km
Höhenunterschied: 250 m
Karten: Carte du Club Vosgien, *Ste-Odile Donon Haut-Koenigsbourg* 1:50 000. Carte du Club Vosgien, *Mont Sainte-Odile Oberrai* 1:25 000
Verpflegung und Unterkunft: Auberge *Hungerplatz*, Tel. 003388-08 92 16. 2 Hotel-Restaurants (davon ein ***: *Kastelberg*, Tel. 003388-08 97 83), 3 Restaurants (davon ein ***: *Au Bœuf Rouge*, Tel. 003388-08 96 26) in Andlau
Hin- und Rückreise: Auto. Bahn und Fahrrad ab Bahnhof Barr (4 km)
Verkehrsbüro: 67 140 Andlau, Tel. 003388-08 22 57 und 08 93 01

Hinweise/Bemerkungen:
Andlau: Der älteste Teil der Andlauer Kirche, die Krypta, stammt aus dem 11. Jh. Berühmt ist der 28 m lange romanische Skulpturenfries am

Hohandlau vor der Zerstörung

Westbau. Wir erkennen darauf einen ritterlichen Zweikampf, eine Jagd, eine auf einem Fisch reitende Sirene, ein Ehepaar beim Weinpanschen, während der Teufel schon auf dem Fass sitzt und den Mann mit einem Seil an sich zieht...

Andlau (215 m) liegt an der Andlau. Im Jahre 887 gründete die Frau des letzten Karolingers ein Kloster, um das sich der Ort entwickelte. Bei ihrer Suche nach einem Bauplatz für das Kloster hatte die von ihrem Mann verlassene oder davongelaufene Richardis einen Bären gesehen, der ihr durch sein ostentatives Scharren am Boden den Platz gezeigt haben soll. Sie habe es zumindest so ausgelegt.

Von *Mittelbergheim* kommend, fahren wir in die Ortschaft Andlau bis zum *Hotel-Restaurant Kastelberg*. Dem Restaurant gegenüber beginnt unsere Wanderung zum *Kastelberg* (mit *roter Scheibe*). 30 m weiter biegen wir nach rechts und gehen nun zu des Kastelbergs Füssen allmählich nach links kur-

Hohandlau nach der Zerstörung

...end und sanft steigend, bis wir, 500 m nach dem Start, auf dem teilweise betonierten Strässlein spitzwinklig nach links kurven. Rund 400 m weiter erreichen wir bei einem steinernen Kruzifix fast schon den höchsten Punkt des *Kastelbergs*. Von hier aus machen wir einen Abstecher zum *Kiosk* auf dem Gipfel und kommen zum Kruzifix zurück.

170 m weiter münden wir in einen breiten Weg, in den wir nach rechts einbiegen. Nach weiteren 150 m, wo der breite Weg nach rechts abschwenkt, gehen wir ziemlich geradeaus einen schmalen Pfad durch die Reben hoch *(Rocher Sainte Richarde/St-Richardis-Felsen: gelber Ring)*. Nach etwa 50 m erreichen wir ein geteertes Strässlein, dem wir nach links aufwärts folgen. Rund 10 Min. später, wo das Strässlein spitzwinkelig kurvt, gehen wir auf einem Pfad geradeaus durch den Wald.

Wir erreichen 8 Min. später eine Wegspinne, den *Crax-Sattel* (*Col du Crax*, 375 m). Hier wenden wir uns nach links mit *blauem Dreieck* zum *Richardis-Felsen* und

20 m weiter, bei der Gabelung, halten wir uns rechts. Wir stossen nach 10 Min. auf einen Pfad, der nach links über 30 m zum *Richardis-Felsen* führt, mit Aussicht auf das Tal der Andlau. Rechter Hand geht's mit *blauem Dreieck* und *gelbem Ring* zum Andlauer «Schloss». Nach 5 bis 10 Min. erreichen wir einen sehr breiten Waldweg, in den wir nach rechts einbiegen, um ihn schon 80 m weiter für einen links abzweigenden Pfad zu verlassen. Vor uns, zwischen dem Blätterwerk, erraten wir die zwei Türme der *Burg Hohandlau* (451 m ü. d. M.).

Weil sie mit ihren zwei Türmen wie ein Kübel aussieht, wird sie im Volksmund das *Kiwwele* genannt. Von der Burg zum Tal blickend sehen wir vor uns das Städtlein Barr und auf dem Gebirgszug links die Ruine *Landsberg*. Die *Burg Hohandlau* wurde um 1344 erbaut. Durch die Truppen des *Maréchal de Créqui* 1678 zerstört, wurde sie wieder instand gesetzt und war bis 1806, länger als alle anderen Vogesen-Burgen, bewohnt.

Der schöne Wanderweg, den wir kurz vor unserer Ankunft auf Burg Hohandlau nach links abbiegen sahen, führt uns nun über 1½ km mit *blauem Dreieck* und *rotem Ring* immer etwa in nordwestlicher Richtung zum *Hungerplatz*. Wo, nach etwa 15 Min., Felsen vor uns auftauchen, gehen wir bei der Gabelung auf diese zu. Keine 10 Min. später stehen wir vor dem *Gasthof Hungerplatz (Auberge Hungerplatz)*.

Von dem Gasthof geht man hoch zur Strasse und biegt nach links in einen breiten Forstweg. Von hier sind es 800 m zur *Spesburg (gelbe Scheibe* und *rotes Andreaskreuz)*. Nach 200 m biegen wir in einen halblinks absteigenden Wanderweg, der zur Spesburg (475 m) führt. Die *Spesburg*, zum erstenmal im Jahr 1322 erwähnt, wurde wohl kurz vor diesem Datum erbaut. In der Mitte des 16. Jahrhunderts setzten Truppen der Stadt Barr die Burg in Brand, «weilen ein Edler von Spesburg ein Bürgerdirn verunglimpft».

Unterhalb der Spesburg, wo wir herkamen, steigt ein Weg nach links abwärts. Nach anderthalb Minuten geht ein Pfad mit *rotem Andreaskreuz* rechts hinunter nach Andlau. Wir lassen ihn rechts liegen und wandern geradeaus. 3 Min. später berührt uns fast ein paralleler Weg mit gleichem Ziel. Nach weiteren 6 Min. erreichen wir einen sehr breiten Waldweg, auf dem wir 20 bis 30 m nach links bis zu einer Gabelung gehen, wo wir uns rechts halten. Nach 20 m biegen wir rechts in einen schmalen Weg mit *blauer Scheibe*. Schon 3 Min. später verlassen wir diesen Weg für einen engeren halblinks, und nach weiteren 4 Min. erreichen wir einen breiten Waldweg, der gleich abwärts in eine geteerte Strasse mündet. Es geht nun in 10 Min. steil abwärts bis zur Talstrasse *(Rue du Maréchal Joffre)*, in die wir nach links einbiegen. Nach 250 m verlassen wir diese Hauptstrasse für die rechts abzweigende *Clémenceau-Strasse*. Auf dieser mit schönen kleinen Fachwerkhäusern ausgestatteten Strasse erreichen wir nach 100 m eine erste, nach weiteren 500 m eine zweite *Andlau-Brücke* links von uns. Hier schwenken wir nach rechts ab und gehen durch eine Passage zur berühmten *Andlauer Kirche*.

Wir gehen nun immer in östlicher Richtung weiter (der Chor der Kirche ist im Osten) zur Hauptstrasse mit ihren schönen Fachwerkfassaden und vorzüglichen Weinstuben. Wenn wir die Stadtmitte durchquert haben, wo die *«Rue de la Commanderie»* rechts nach Eichhoffen abbiegt, gehen wir geradeaus weiter, das heisst von der *Rue du Général de Gaulle* in die *Rue du Général Koenig* und erreichen gleich unseren Ausgangspunkt, das Hotel-Restaurant *Kastelberg*.

20 Am südöstlichen Hang des Odilienberges

Vom Weinstädtchen Barr durch Rebberge und Wälder zum Forsthaus und Gasthof Moenkalb, über den Kleinen Kiosk zur romanischen Burgruine Landsberg, dann bergab zur Klosterruine Truttenhausen und zum Weindorf Heiligenstein.

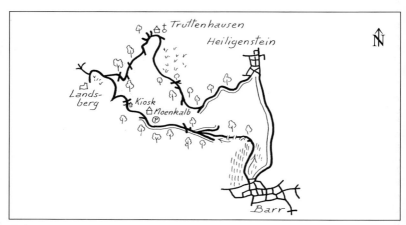

Sehr schön ist zu Beginn der Wanderung der Aufstieg durch den Rebberg zum dicht bewaldeten Hang mit dem einsamen «gasthöflichen» Forsthaus Moenkalb. Weitere Höhepunkte: Landsberg, die elsässische Burgruine mit dem schönsten romanischen Erker und eine Klosterruine, die zu einem Bio-Bauernhof umfunktioniert wurde.

Ausgangsort: Barr (210 m)
Gehzeit: 4–5 Stunden
Weglänge: etwa 14 km
Höhenunterschied: etwa 350 m
Karten: Carte du Club Vosgien, *Ste-Odile Donon Haut-Koenigsbourg* 1:50 000. Carte du Club Vosgien, *Mont Sainte-Odile Obernai* 1:25 000
Verpflegung und Unterkunft: Forsthaus Gasthof (Auberge) Moenkalb Tel. 003388-08 90 25. Zwei Hotels, vier Hotel-Restaurants und ein Restaurant in Barr
Zeltplätze: *Terrain de l'Association St-Martin* Tel. 003388-08 00 45. *Camping «Wepfermatt»*, Tel. 003388-08 02 38
Hinreise und Rückreise: Auto, Bahn, oder Bahn und Bus bis Barr
Verkehrsbüro: 67140 Barr, Tel. 003388-08 94 24

Hinweise/Bemerkungen:
Truttenhausen: Die Äbtissin Herrad von Landsberg liess die ursprüngliche Kirche nach 1181 erbauen. Teile eines romanischen Portals sind

erhalten. Schiff und West-Turm stammen aus der 2. Hälfte des 15. Jahrhunderts. Prächtige Zedern zieren den schönen Park des 1806 umgebauten Schlosses.

Vom Bahnhof kommend überqueren wir den davor liegenden Platz, biegen nach rechts in die Hohwald-Strasse, gehen bei der Verkehrsinsel quer über die Avenue des Vosges Richtung Stadtmitte (Centre). Bei der nächsten Gabelung halten wir uns links, bei der übernächsten rechts, und gelangen so an ein rot verputztes Fachwerkhaus, das *Hotel Maison Rouge*. Die *Grand-Rue* wartet dann auf mit schönen Fachwerkhäusern. Am Brunnen mit marmornem Obelisk biegen wir nach rechts, über den *Place du Marché aux Pommes de Terre* (Kartoffel-Markt). In gleicher Richtung gehen wir aufwärts zur hochgelegenen protestantischen Martinskirche mit romanischem Turm. Vor der Treppe, die zur Kirche steigt (rechts die *Caisse d'Epargne/Sparkasse*), sollten wir einen Abstecher nach rechts machen. Wir treffen bald auf den viel fotografierten malerischen Marktplatz mit dem Rathaus (*Hotel de Ville*, 1540) und einem stattlichen Fachwerkhaus, in dem die Gaststätte *Le Brochet* untergebracht ist. Autofahrer können in diesem Stadtteil das Auto abstellen.

Oberhalb der Martinskirche folgen wir dem *roten Balken*, der uns, durch die Reben steigend, zu einem runden Platz mit Bänken und dem Hering-Obelisken führt. *Eduard Hering* (1814–1893) hat sich um den Vogesen-Club verdient gemacht. Einige Schritte höher gelangen wir zu einem Holzrundbau und auf das Moenkalb-Strässlein, von dem gleich rechts in der Kurve ein direkter Pfad mit *rotem Balken* Richtung Moenkalb abzweigt. Zweimal überquert unser Pfad das Moenkalb-Strässlein, dann stehen wir vor dem Schild mit der Aufschrift: *Moenkalb Auberge 800 m*. Ungefähr unsere bisherige Richtung beibehaltend, wandern wir nun auf einer breiten Allee, über welche wir zum Forsthaus und Gasthof *Moenkalb gelangen*.

Links vom Forsthaus lotst uns der *rote Balken* zur *Ruine Landsberg*. In 10 Min. erreichen wir den *Petit Kiosque* (462 m). In den nächsten 3 Min. überqueren wir erst einen schmalen, dann einen breiten Weg. Nach weiteren 7 Min. stösst unser Pfad auf einen breiten Waldweg, in den wir nach rechts aufwärts schwenken, um 10 Min. später zu einer Wegspinne zu gelangen. Links von uns erblicken wir das ehemalige Forsthaus Landsberg. Von diesem führt ein Pfad in 2 Min. zur gleichnamigen Burgruine.

Bei der Errichtung dieser Burg, kurz vor 1200, verwendete man die in staufischer Zeit üblichen Buckelquader. Besonders schön ist die romanische Front mit einem Erker, von dem angenommen wird, dass er die Apsis der Burgkapelle bildete. Am unteren Teil des Erkers erkennt man eine gebückte Gestalt und eine stilisierte Lilie, die als Symbol des Burgfriedens *(Paix castrale)* zu verstehen ist. Die Burg Landsberg zeigt einen Wendepunkt der Burgenarchitektur im Elsass: Die Burgen, die früher dominierend auf Bergkuppen thronten, werden etwa ab 1200 auf vorspringende Felsen an Berghängen gebaut, so dass die Hänge auf drei Seiten steil abfallen, während auf der vierten Seite ein Graben den Gegner abhalten soll. Auf dieser vierten Seite steht auch der Turm als Bollwerk, hinter dem die Wohnbauten Schutz finden.

Unser nächstes Ziel ist *Truttenhausen,* das Überbleibsel eines Klosters, das am östlichen Fusse des Berges lag. An der Wegspinne beim ehemaligen Forsthaus Landsberg schickt uns die *blaue Scheibe* abwärts auf den gleichen breiten Weg, den wir hochgekommen sind. Nach etwa 400 m biegen wir nach links in einen Pfad, der bald zur Rinne wird, einen breiteren überquert, nach links biegt und einen sehr breiten Waldweg erreicht, auf dem wir abwärts wandern. Bei der nächsten Kurve, wo von links ein breiter Waldweg einfliesst, gehen wir mit der *blauen Scheibe* (ungefähr geradeaus) weiter auf einem Pfad, der uns wieder auf den sehr breiten Waldweg bringt. Wo rechts am Waldrand ein Haus auftaucht, halten wir uns rechts und erreichen nach einigen Metern den Bauernhof Truttenhausen, wo nach Methoden des biologischen Landbaus gearbeitet wird. Ein Schild lädt ein: *Visitez nous* (Besuchen Sie uns). Käse, Butter, Joghurt und Rahm werden angeboten. Eine Äbtissin des Odilienklosters, Herrad von Landsberg, die Verfasserin des *Hortus deliciarum,* (einer bebilderten, enzyklopädischen Handschrift des 12. Jahrhunderts [1170]), hatte hier ein Chorherrenstift gegründet, von dem nur die Ruine einer gotischen Kirche übriggeblieben ist. Zwecks Abkürzung könnte man jetzt auf dem geteerten Strässlein abwärts nach Heiligenstein wandern und von hier Barr in 15 Min. auf der geteerten Weinstrasse erreichen.

Stattdessen und weil wir noch so fit sind, biegen wir am unteren Ende des Anwesens mit *gelber Scheibe* nach rechts. Wir geniessen den Blick auf die links liegenden Wiesen, kommen nach 12 bis 15 Min. an eine Wegspinne, wo wir der geradeaus nach Barr weisenden *gelben Scheibe* folgen (siehe Variante 1). Nach weiteren 5 bis 10 Min. zweigt vor uns ein Weg mit *gelber Scheibe* rechts ab. Dieser würde zur obenerwähnten Allee unterhalb des Forsthauses Moenkalb führen (siehe Variante 2). Wir bleiben auf dem breiteren Weg, der mit *rot-weiss-rotem Balken* und *blauem Ring* gekennzeichnet ist. Nach einigen Minuten erreichen wir das geteerte Strässlein, das Heiligenstein mit dem Forsthaus Moenkalb verbindet und das uns abwärts zum *Kiosk Rosenberg* am Dorfrand bringt. Wir bleiben auf der Strasse, die zur *Rue de la Montagne* wird. Wo sich die breitere Strasse in drei schmälere aufteilt, nehmen wir die mittlere Strasse des Bären *(Rue de l'Ours)* und erblicken in der Tat bald einen Bären, der oben auf einem Brunnen mit achteckigem Becken steht. Von hier gelangt man rechts in einer ¼ Std. nach Barr, und links nach einigen Metern zum Rathaus *(Maison Commune)* und zu einem Wirtshaus. Der Bürgermeister *Erhard*

Romanischer Erker über dem Eingang der Burgruine Landsberg

Wantz, der 1742 den *Klevener* einführte, wurde unter dem Glockentürmchen des Rathauses verewigt.

Wenn wir das Dorf *Heiligenstein* Richtung *Barr* verlassen, sehen wir links eine der *Napoleonsbänke* aus rotem Sandstein, die in vielen Gemeinden des Elsass unter Napoleon I. und vor allem unter Napoleon III. (um 1850) aufgestellt wurden. Etwa anderthalb Meter über der Sitzfläche läuft ein Balken parallel zu dieser, auf dem die Marktfrauen die Lasten, die sie auf Kopf oder Schulter trugen, abstellen konnten. Die Strasse führt zum uns bereits bekannten Rathaus von Barr.

Variante 1
Man könnte hier abkürzen, denn von dieser Wegspinne führt ein schöner Pfad links abwärts (roter Balken) durch Wald und Wiesen direkt nach *Heiligenstein*.

Variante 2
Wer es beim letzten Teil der Wanderung vermeiden möchte, von *Heiligenstein* bis *Barr* auf geteerten Strassen zu wandern, müsste über diese Allee zurück nach *Barr*.

21 Klosterruine Niedermünster in der Waldeinsamkeit

Vom Kloster abwärts zur Odilienquelle und zur Klosterruine Niedermünster, dann auf mittlerer Höhe des Berges zur Ruine Landsberg, anschliessend Aufstieg über den Kiosk Jadelot zur Heidenmauer und zum Maennelstein.

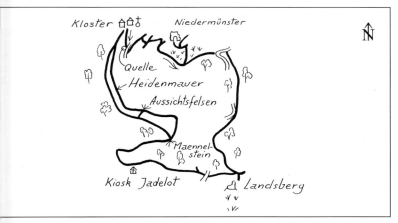

Unzählige Pilger und Wanderer sind sie gegangen und haben sie mit ihren Sohlen geformt, die natürlich, organisch gewachsenen Wege, welche diesen Berg zum Wanderparadies machen. Die schönsten Wege, das sind diejenigen, welche allmählich unter den Sohlen wuchsen. Sie sind nicht auf dem Zeichenbrett entstanden. Wo das Auge gern spähte und wo der Fuss gern weilte, da entstanden Wege. Diese Wege, die wie die Noten einer Partitur auf und ab gehen, sind durch Generationen von Wanderern komponierte Liebeslieder an die Natur.

Ausgangsort: Kloster des Odilienberges
Gehzeit: 3–4 Stunden
Weglänge: etwa 11 km
Höhenunterschied: etwa 300 m
Karten: Carte du Club Vosgien, *Ste-Odile Donon* 1:50 000. Carte du Club Vosgien, *Mont Sainte-Odile Obernai* 1:25 000
Verpflegung und Unterkunft: Pilgersaal am Ende des Klosterhofes, Restaurants in den Klostergebäuden
Hin- und Rückreise: Auto. Im Juli und im August fahren Busse vom Strassburger Bahnhof zum Kloster Odilienberg und zurück. Auskunft erteilt die CTS *(Compagnie des Transports Strasbourgeois)*, Tel. 003388-28 90 80
Klosterhotel: Tel. 003388-95 80 53 und 95 80 65

Wenn wir den *Klosterhof* verlassen, gehen wir einige Schritte nach links zur steinernen Treppe, wo die Markierungen angegeben sind. Unsere Ziele sind vorerst die *Odilienquelle* (8 Min.) und die Ruine der Klosterkirche *Niedermünster* (30 Min.) mit *gelbem Dreieck.* Am Fuss der Treppe gehen wir links und gleich den zweiten Weg rechts oberhalb eines kleinen Friedhofes. Die bald erreichte Odilienquelle soll bei Augenleiden hilfreich sein. Auf dem nahen Strässlein gehen wir 20 m abwärts, um dann spitzwinklig nach links in einen abschüssigen Pfad einzuschwenken. Nach wenigen Minuten biegen wir in spitzem Winkel nach rechts und erreichen nach 1 Min. einen breiten Weg, auf dem wir 15 m abwärts gehen, um dann halbrechts einem abschüssigen Pfad zu folgen. Ungefähr 8 Min. später erreichen wir einen fast ebenen breiten Weg, in den wir nach rechts abbiegen. Dieses Manöver geschieht bei einem Transformatorenhäuschen aus rotem Sandstein. Der breite Weg umkreist einen abgeschiedenen Kessel, in dem die Ruine der Klosterkirche Niedermünster liegt. Nach einigen Minuten kommen wir an eine Gabelung. Rechts werden wir später nach *St-Jacques/St. Jakob* abzweigen.

Zuvor gehen wir links und erreichen nach 5 Min. ein geteertes Strässlein, auf dem wir sanft bergan steigen. Bereits nach 100 m können wir nach rechts einen sich lohnenden Abstecher zu einer kleinen aber feinen und harmonisch proportionierten *romanischen Kapelle* machen. Danach gehen wir auf dem Strässlein weiter hoch bis zur Ruine der Klosterkirche. Man errichtete die Kirche hier, auf mittlerer Höhe des Berges, um den kranken Pilgern den weiten Weg zum Hauptkloster zu ersparen.

Nun wandern wir wieder zur Gabelung mit der Markierung nach *St-Jacques.* Nach 200 m auf dem oberen breiten Arm der Gabel biegen wir mit *gelber Scheibe* halbrechts hoch. Nach 5 Min. sehen wir vor uns die modernen Gebäude von *St-Jacques* (Erholungsheim). Kurz vor dem eingezäunten Anwesen machen wir einen Abstecher nach links zur Ruine der *Jakobskapelle.* Danach gehen wir zurück auf den kurzfristig verlassenen Weg, erreichen nach 150 m die hier kurvende Hauptstrasse, auf der wir 100 m abwärts wandern, um dann auf einen sanft steigenden Pfad mit *blauem Dreieck* Richtung *Landsberg* abzuschwenken. Nach weiteren 5 Min. kommen wir auf eine sacht steigende Strasse, die wir nach 100 m wieder mit *weissem Balken* halblinks verlassen, um in 10 Min. auf einem schön zurechtgetretenen und -gefahrenen Weg eine Wegspinne zu erreichen. Später werden wir hier rechts aufwärts dem *roten Balken* folgen. Zuvor jedoch gehen wir 50 m bergabwärts, dann rechts 300 m, am ehemaligen Forsthaus vorbei, bis zur *Ruine Landsberg* (bereits im Wandervorschlag Nr. 20 behandelt).

Nach der Besichtigung heissen unsere Ziele: *Kiosk Jadelo* (30 Min.) und *Maennelstein* (1 Std.). In 10 Min. erreichen wir über die obenerwähnte Wegspinne die *Strasse St-Nabor-Odilienberg,* die wir überqueren. Anstatt

Klosterruine Niedermünster unter dem Schnee

nach 150 m mit *blauem Dreieck* rechts abzuzweigen, gehen wir geradeaus, sanft bergan, und sehen linkerhand auf dem Gebirgszug jenseits des Kirneck-Tales den Hungerplatz und die Ruine Spesburg. Im *Kiosk Jadelot* (730 m), der unter dem zweiten französischen Kaiserreich errichtet wurde, können wir eine Pause einlegen.

Zwanzig Meter nach dem *Kiosk Jadelot* erreichen wir eine Gabelung, wo wir uns rechts halten. Unser Pfad, der nach 30 m einen breiten Weg überquert und nach 2 Min. spitzwinkelig nach rechts dreht, erreicht in 10 Min. den *Wachtstein* (760 m). Dieser 10 m hohe Turm, der 40 m ausserhalb der Heidenmauer steht, ist mit dieser durch eine Mauer verbunden, an deren linker Seite wir bergwärts steigen, um dann fast flach nach rechts abzuschwenken. Nach weiteren 50 m erreichen wir den *Schafstein* (780 m), der in die Heidenmauer eingefügt ist. Mit der Heidenmauer stets am Rand des Berges bleibend, erreichen wir den *Maennelstein* (817 m), der eine weite Sicht auf das mittlere Elsass, den Schwarzwald und, bei klarem Wetter, sogar auf Eiger, Mönch und Jungfrau gewährt.

Wir wandern weiter mit *gelbem Andreaskreuz* der Heidenmauer entlang bis zum *Rocher du Panorama* (780 m), wo wir nach links (15 m zur Wegspinne) abschwenken. Würden wir an der Wegspinne 30 m geradeaus weitergehen, kämen wir zum *Kanapee-Felsen*, der sich wie ein Sitzsofa gebärdet. An der Wegspinne biegen wir aber nach rechts, erreichen in 1 Min. den *Beckenfelsen*, in 6 Min. den Kreuzweg und in 10 Min. das Eingangstor des Klosters, unseren Ausgangspunkt.

Im grossen Hof des Klosters, an der Stelle der Gartenterrasse, erhob sich bis 1734 ein auf Säulen stehender runder Tempel, der *Heidentempel* oder *Sonnentempel* genannt wurde. Er erinnerte noch an die heidnische Vergangenheit des heiligen Berges. Die Christianisierung des Landes hatte im 7. und im 8. Jahrhundert, unter den Merowingerkönigen, begonnen. Die Schwäche der Merowingerkönige hatte die Stärkung der Kirche und der elsässischen Herzöge zur Folge. Als wichtigste Gestalt unter den elsässischen Herzögen erscheint *Attich, Aldarich* oder *Eticho* (um 650–680), der Vater der heiligen Odilia, der noch Heide war.

Eine in karolingischer Zeit geschriebene «Vita» der Odilia erzählt, dass sie blind geboren wurde. Der enttäuschte und durch das Schicksal gekränkte Eticho wollte sie daher töten lassen. Sie wurde aber in ein burgundisches Kloster gerettet, wo sie bei der Taufe sehend wurde. Odilia widersetzte sich als Braut Christi den Heiratsplänen Etichos und imponierte ihrem Vater dermassen durch ihre Wundertaten, dass er ihr die Hohenburg, die an der Stelle des heutigen Klosters stand, zur Gründung eines Frauenklosters schenkte.

Odilia bedeutet *Tochter des Lichtes*. Da Odilia die Heilige des Augenlichts ist, sind ihre Attribute auf Darstellungen meistens zwei Augen auf einem Buch. Eine romanische Plastik vor einem der Speisesäle des Klosters zeigt sie mit einer Raute, der Odil-Rune, auf der Stirn.

Links von der Klosterkirche vom Ende des 17. Jahrhunderts erreicht man über einen kleinen Hof einen romanischen Raum mit kunstvoller zentraler Säule, und daneben eine Kapelle mit dem Sarkophag der Heiligen. Am Ende des Ganges gelangt man zur grossen Terrasse. An der rechten Seite der nächsten freistehenden Kapelle, der Tränenkapelle, erblickt man im Felsen Gräber aus der Merowingerzeit.

22 Entlang der Heidenmauer auf dem heiligen Berg des Elsass

Immer entlang der Heidenmauer, vom Kloster an den imposanten Felsen des Kreuzweges vorbei, über Maennelstein, Druidengrotte, Barr-Tor, Tumuli (Hügelgräber), Hagelschloss, Elsberg-Tor, Stollhafen, Oberkirch-Felsen zum Pilgerpfad.

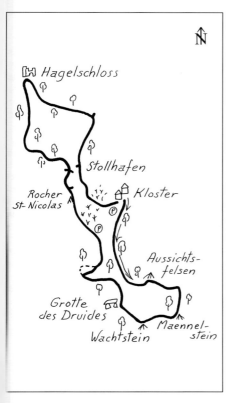

Der wunderschöne, sehr abwechslungsreiche Weg tändelt phantasievoll der Heidenmauer entlang, die über 10 km den breiten Bergrücken umfriedet und die zum Teil noch recht gut erhalten ist. Immer wieder treffen wir auf grossartige, merkwürdige Felsen, die zum Teil in die Mauer einbezogen sind.

Ausgangsort: Kloster des Odilienberges
Gehzeit: 3 Stunden
Weglänge: 10 km
Höhenunterschied: 200 m
Karten: *Carte du Club Vosgien, Ste-Odile Donon* 1:50 000. *Carte du Club Vosgien, Mont Sainte-Odile Obernai* 1:25 000
Verpflegung und Unterkunft: Pilgersaal am Ende des Klosterhofes, Restaurants in den Klostergebäuden. Klosterhotel
Hin- und Rückreise: Auto. Im Juli und im August fahren Busse vom Bahnhof Strassburg zum Kloster Odilienberg und zurück, Auskunft erteilt die CTS *(Compagnie des Transports Strasbourgeois)*, Tel. 003388-28 90 80
Klosterhotel: Tel. 003388-95 80 53 und 95 80 65

Der Name *Heidenmauer* erscheint zum erstenmal im Jahr 1050 in einer Urkunde des aus dem Elsass stammenden Papstes Leo IX., der dem mächtigen Geschlecht derer von Egisheim angehörte. Man nimmt an, dass dieses grösste Bauwerk des Elsass vor rund 3000 Jahren, in keltischer Zeit, entstanden ist. Der These, dass die Heidenmauer ursprünglich eine Befestigungsmauer gewesen sei, könnte man entgegnen, dass ein solcher Schutzwall schwer zu verteidigen gewesen wäre. Das Heer hätte entlang der ganzen Mauer stehen müssen, denn eine 3–4 m hohe Mauer kann leicht überwunden werden. Womit hätte man aber die vielen Verteidiger und ihre Familien auf dem relativ engen Raum (ca. 100 Hektar) innerhalb der Mauern ernähren können? Statt Befestigung war die Heidenmauer vielleicht nur Abgrenzung eines heiligen Haines und somit Aussenmauer eines riesigen Freilichtdomes. Vielleicht verliefen die in heidnischer Zeit üblichen kultischen Prozessionen entlang der Heidenmauer.

Wenn wir heute die mächtigen Quadersteine der Mauer sehen, sind wir geneigt anzunehmen, dass hier nicht Menschen, sondern Riesen am Werk waren. Viele dieser Quader zeigen am Rande eine Einkerbung. Darin lag früher ein an beiden Enden breiter werdender Eichenriegel (Schwalbenschwanz), der zwei nebeneinander liegende Steine miteinander verband. Man findet überall an den Wegen solche Steine, deren Einkerbungen uns verraten, dass die Quader früher Teile der Heidenmauer waren. Erwähnen wir noch, dass der durch die Heidenmauer eingefasste Raum durch zwei Quermauern in drei Abschnitte aufgeteilt wird. Die südliche Hochfläche gegen den *Maennelstein* ist die *Bloss;* der mittlere Abschnitt umfasst den Klosterfelsen und die darunter liegende Wiese, während der nördliche Teil mit dem *Hagelschloss* zum *Elsberg* gehört.

Unsere Wanderung beginnt am Kloster. Durch eine Passage den Klosterhof verlassend, gehen wir gleich einige Schritte nach links und steigen, zwischen Kloster und Souvenir-Laden, eine Steintreppe hinunter zum Kreuzweg, dessen Keramik-Reliefs in stattliche Felsen eingearbeitet sind. Am Ende des Kreuzweges kommen wir zur

Heidenmauer auf dem Odilienberg

Heidenmauer, die auf ihrer ganzen Länge durch ein *gelbes Andreaskreuz* gekennzeichnet ist. Vorerst werden wir aber dem *roten Balken* folgen, weil es hier Interessanteres zu sehen gibt.

Auf angenehm weichem Weg erreichen wir in 3 Min. den *Bekkenfelsen* (765 m), der eigentlich aus zwei Felsen besteht. Der höhere Felsen trägt auf seiner oberen Fläche ein längliches Becken. Von hier erreichen wir das nach seinem Entdecker genannte *Eyertor* (770 m), von dem nur noch die steinerne Basis am Boden erhalten ist. Dieses interne Tor, das in römischer Zeit entstand, trennt die *Bloss*, also den südlichen, vom mittleren Teil des von der Mauer abgegrenzten Raumes.

Wo (eine Minute später) mit *blauer Scheibe* nach links zum Aussichtsfelsen *(Rocher du Panorama)* gelockt wird, machen wir erst einen kurzen Abstecher nach rechts zum 30 m entfernten *Rocher du Canapé*, der von den Elsässern *Kannebettfelse* genannt wird, wobei «Kannebett» eine Verballhornung des einst unverstandenen Wortes *Canapé* ist. Der

Felsen hat in der Tat die weichen schwulstigen Formen eines Kanapees oder eines Schlafsofas. Aber das Ruhebett haben wir uns heute noch nicht verdient. Wir gehen also zum Aussichtsfelsen mit Blick auf die Dörfer Ottrott, Boersch, Rosheim, Molsheim: lauter Perlen an der hier besonders kunstreichen Kette der Weinstrasse. Ab hier erreicht man entlang der Mauer in 7 Min. den *Maennelstein*, der bei klarem Wetter eine weite Aussicht auf 300 Dörfer und auf die nahe gelegene *Ruine Landsberg* gewährt. Für den Bau der Burg Landsberg wurden Quader der Heidenmauer verwendet.

Wir gelangen dann über den *Schafstein* zur *Druidengrotte*, die sich einige Meter ausserhalb der Mauer befindet. Eine grosse Steinplatte liegt über zwei Felsen, womit ein 2 bis 3 m breiter Innenraum gebildet wird. Wenn man bedenkt, dass der Philosoph Diogenes zufrieden in einem Fass lebte, scheint es durchaus möglich, dass wir uns jetzt in der Behausung eines keltischen Priesters befinden. Das Wort *Druide* ist zusammengesetzt aus *Dru* (drei), der Zahl der Gottheit, und dem keltischen Wort *wid* für *Wissen*. Die Druiden waren die um die Gottheit Wissenden. *Dru* könnte auch abgeleitet sein von *deru*, der keltischen Bezeichnung für Eiche. Die Druiden lehrten unter Eichen die Weisheit der Götter.

Wir pilgern weiter, vielleicht auf dem Weg der alten Prozession, bewegen uns abwärts über eine geteerte Strasse und gelangen zum südlichen *Barr-Tor (Porte Zumstein)*, einem römischen Tor, das 1968 durch den Archäologen Hans Zumstein freigelegt wurde. Hier verlassen wir kurz die Heidenmauer, um mit *blauer Scheibe* nach wenigen Minuten einen *Tumulus* (Hügelgrab) mit freigelegtem Grab aus der Merowingerzeit (nach 600) zu entdecken.

Dann geht es weiter mit *gelbem Ring* zum Parkplatz, den wir überqueren. An seinem unteren Ende führt eine Treppe abwärts und das *gelbe Andreaskreuz* bestätigt die Richtigkeit unserer Richtung. 10 Min. später, wo die Mauer eine Ecke bildet, erreichen wir den *Niklaus-Felsen (Rocher St-Nicolas)*. Eine Minute später klafft in der Mauer eine tiefe, steile Spalte, die von Spezialisten als Tor angesehen wird, genau betrachtet als das Tor, durch welches man zur Quelle der *Badstub* gelangte. Solche Tore seien älter als die römischen Tore. Nur 20 Schritte weiter sehen wir am Boden neben der Mauer Felsplatten mit geraden Rillen. An dieser Stelle bestand früher wohl ein *keltischer Steinbruch*. Die Rillen zeigen an, dass man hier begonnen hat, die Felsen quadratisch aufzuspalten.

Anderthalb Minuten später biegen wir nach links abwärts. Gleich überqueren wir einen breiten steilen Weg, der *Stollhafen* und *Dreistein* verbindet. Fünf Minuten später fällt unser Weg steiler ab. Mitten in diesem stark abschüssigen Abschnitt sehen wir linker Hand das nach seinem Entdecker genannte *Koeberle-Tor* (620 m).

Im folgenden Abschnitt ist die Mauer meistens gut erhalten. Wir erreichen nach etwa 10 Min. eine breite Rinne. Danach, das heisst im nördlichsten Teil der Heidenmauer, in der Nähe des *Hagelschlosses,* gehen der Mauer plötzlich die Steine völlig aus. Man hat dieses Baumaterial für die Errichtung der nahe gelegenen Burg gebraucht. Um das *Hagelschloss* zu erkunden, müssen wir den Weg nach links verlassen und die Ruine auf zum Teil steilen steinigen Pfaden umkraxeln.

Nach dem Besuch der Ruine gehen wir an die völlig «steinlose» Mauer zurück, steigen sanft nach Südosten und halten uns bei etwaigen Gabelungen links. Während 20 Min. keine Spur von der früheren Mauer! Am Ende der Steigung überqueren wir einen sehr breiten, schnurstracks verlaufenden Weg. Hier, bei der Kreuzung, erkennt man jenseits des breiten Weges, zur Linken, die Reste des nördlichen *Elsberg-Tores,* das wie das Barr-Tor von Hans Zumstein entdeckt wurde.

Immer dem *gelben Andreaskreuz* folgend, gehen wir kurz auf dem ziemlich flachen Elsberg. Vor uns krönt das Kloster den Odilienberg, an dessen nördlichem Fuss die dunkel klaffende Wunde des Steinbruchs von St. Nabor sichtbar ist. Wir steigen gleich abwärts bis zu einem Pfad, der sich entlang dem Hang bewegt. Zur Linken erreicht man in 5 Min. den *Wunderpfad* mit von der Zeit merkwürdig zerfressenen hohen Sandsteinfelsen. Zur Rechten gelangt man in 10 Min. zur etwas abseits liegenden *Eticho-Grotte* und kurz danach zur Wegspinne beim *Stollhafen.* In der Tat, 20 m weiter erblicken wir einen Felsen, der wie ein Hafen auf Stollen zu stehen scheint. Von hier erreicht man in 4 Min. den *Oberkirch-Felsen.* Man steigt entlang dem Felsen abwärts und gelangt so zum *Pilgerpfad,* auf dem früher die Pilger zum Kloster heraufkamen. Wir vertrauen uns nun diesem massvoll steigenden Weg an, der nach 1½ Min. eine Wiese und nach 6 Min. den Waldrand unterhalb des Klosters erreicht. Ein steil steigender Pfad bringt uns zum Kloster, wo für das leibliche und natürlich auch für das seelische Wohl der Wanderer gesorgt wird. Das Kloster unterhält ein Restaurant und ein Hotel.

23 Strassburgische Rundwanderung auf naturbelassenen Wegen

Vom Strassburger Bahnhof zur Altstadt. Entlang dem Ufer der Ill über die Thomaskirche, das Münster und das Rohanschloss zum Opernhaus und zu zwei Jung-Sankt-Peter-Kirchen, eventuell mit Abstecher zur Orangerie.

Diese «Wanderung» zu den kunstgeschichtlich wichtigsten Bauten Strassburgs wird naturnah erlebt oder gar zelebriert, auf ungeteerten, unbetonierten und oft grasigen Wegen entlang den zwei Strassburg umschliessenden Illarmen.

Ausgangsort: Strassburger Bahnhof
Gehzeit: Ohne Besichtigungen 2 Stunden
Weglänge: etwa 5 km
Höhenunterschied: Die Höhe der Plattform des Strassburger Münsters beträgt 66 m.
Karte: Irgendein Stadtplan. Man wende sich an eines der weiter unten erwähnten Verkehrsbüros.
Verpflegung und Unterkunft: Man verlange bei einem Verkehrsbüro die sehr umfangreiche Liste der Hotel-Restaurants. Jugendherberge: *(Auberge de la Jeunesse)* 9, rue de l'Auberge de la Jeunesse, Montagne Verte, 67200 Strasbourg, Tel. 003388-30 26 46
Zeltplätze: *Terrain municipal Montagne-Verte*****, Tel. 003388-30 25 46. *Camping Baggersee****, Tel. 003388-39 03 40
Hin- und Rückreise: Bahn, Auto
Verkehrsbüros: *Place de la Gare* (Bahnhofsplatz), Tel. 003388-32 51 49. *Place Gutenberg*, Tel. 003388-32 57 07. *Pont de l'Europe* (Kehl), Tel. 003388-61 39 23

Senkrecht zum Bahnhof überqueren wir, zum Teil unterirdisch, den Bahnhofsplatz, gehen in die *Kuss-Strasse* und erreichen nach 250 m (ab Bahnhof) den nördlichen Arm der Ill. Nach Überquerung der Brücke biegen wir nach rechts und folgen während 350 m dem Wasserlauf, bis wir zu einer Reihe von drei hintereinander stehenden Wehrtürmen gelangen, wo die Ill sich in mehrere Arme aufteilt. Hier verlief einst die Wehrmauer. Die Brücken, welche die Türme miteinander verbinden, waren bis 1784 gedeckt, daher der Name *Ponts couverts*. Von hier lassen wir ästhetisch beglückte Blicke über die Altstadt bis zum Münsterturm schweifen.

Beim ersten Turm biegen wir in die teils grasige Anlage *Louise Weiss* auf der linken Seite mit Blick auf malerische Fassaden, die ihre Reize spiegelbildlich verdoppeln durch Selbstbetrachtung in den Wassern der Ill. Wir eilen wie platonische Schatten vor fast ewigen Zeugen vorbei, gehen durch eine Passage wie in eine andere Welt und dann ganz einfach links über den Kanal zum Restaurant

Gerberviertel in Strassburgs Altstadt Petite France. Nur wenig hat sich hier im 20. Jahrhundert geändert.

«'sklane Elsass», wo wir nach rechts abschwenken. Wir sind nun in der *Rue du Bain aux Plantes (Pflanzbad)* und sehen gleich rechter Hand ein äusserst berühmtes Fotomodell, das zu den bestgebauten der Stadt gehört. Es ist das stattliche *Gerberhaus (Maison des Tanneurs)*, dessen wohlproportionierte Fassade den Spiegel des Illwassers zu fragen scheint: Wer ist die schönste Fassade im Land? Jede Fassade in diesem schönheitstrunkenen Viertel möchte gern Miss-Pflanz-bad oder, besser, Miss-Petite-France sein. *Petite-France, Klein-Frankreich*, ist der Name dieses apollinisch begnadeten Viertels.

Hier ist eigentlich nicht der Ort zum Wandern (zu dieser zielstrebigen Art der Fortbewegung), sondern zum Wandeln, genauer gesagt zum Lustwandeln. Man versteht darunter etwas anderes als unter *Wanderlust*. Wir wandeln hier wie in einem Museum. Wir besehen mehr als wir begehen. Uns fallen die merkwürdigen Dächer mit grossen Öffnungen auf, die in den Tag zu gähnen scheinen und dabei doch etwas vom früheren Leben dieses Gerberviertels erzählen. In den Öffnungen der Dächer wurden einst die Häute zum Trocknen aufgehängt.

Wir verlassen das *Gerberhaus*, heute ein Restaurant der gehobenen Mittelklasse, folgen dem Wasser, gelangen so auf eine Schleuse und schliesslich an das linke Ufer der Ill. Rund 200 m ab *Gerberhaus* stehen wir unter der Martinsbrücke. Nach weiteren 180 m, vor der *Thomasbrücke*, verlassen wir das Ufer und kurven nach links zur *Thomaskirche*, deren Monumentalität an romanische Vorgängerinnen erinnert. Die Westfassade täuscht, denn der Innenraum ist ganz der hochstrebenden Gotik verpflichtet. Wir haben es hier mit einer sogenannten Hallenkirche zu tun, das heisst mit einem mehrschiffigen Bau, in dem Mittelschiff und Seitenschiffe gleich hoch sind. Als stilistischer Fremdkörper im gotischen Umfeld steht im Chor das grosse marmorne Mausoleum des Marschalls Moritz von Sachsen, ein Meisterwerk des Pariser Bildhauers *Jean-Baptiste Pigalle* (1714–1785). Der französische König *Ludwig XV.* wollte seinen Feldherrn, den Sohn *August des Starken von Sachsen,* mit diesem Denkmal ehren.

1778, ein Jahr nach der Einweihung des Mausoleums, spielte Wolfgang Amadeus Mozart auf der Silbermann-Orgel der Thomaskirche. In einem Brief vom 26. Oktober 1778 an seinen Vater berichtet Mozart: «Ich habe auf den hier besten Orgeln von Silbermann öffentlich gespielt, in der lutheranischen Neu-Kirche und in der Sankt-Thomas-Kirche.» Aber er beklagt sich: «Die Strassburger besuchen nicht zahlreich genug meine Konzerte...» Unter seinen Zuhörern befand sich immerhin der wohl grösste Komponist des Elsass, *Franz Xaver Richter,* ein Vorläufer Mozarts, der unter anderem 69 Sinfonien geschrieben hat und dessen Stil schon sehr stark an den Salzburger Meister erinnert.

Nach Besichtigung der *Thomaskirche* begeben wir uns wieder ans Ufer der Ill. Wir wandern auf einem naturbelassenen Weg 280 m zur *Nikolausbrücke* mit linkerseits der *Nikolauskirche,* dann 170 m weiter, zum Teil unter einem Vorbau des Zollhauses, zur *Rabenbrücke*. Immer am Ufer der Ill gehen wir dann 70 m entlang dem *Historischen Museum*, der früheren *Grossen Metzig*, um schliesslich rechtwinklig nach links zu biegen. Wir erreichen nun, geradeaus gehend, vor einer Märchenkulisse von Fachwerkhäusern, nach 200 m das Hauptportal des *Strassburger Münsters*.

Es war an einem sonnigen Tag des Jahres 1770, als Goethe zum erstenmal die riesige Westfassade des Münsters erblickte und überwältigt war. Der 1439 beendete Turm (142 m hoch) ist heute, nach dem Ulmer Münsterturm, der zweithöchste in Europa. Wollen wir das Münster chronologisch, also gemäss der Entstehungsgeschichte, erwandern, so muss unser kunstgeschichtlicher Bummel unter dem Chor, in der romanischen *Krypta*, beginnen, deren Steine kurz nach dem Jahr 1000 gehauen wurden.

Die Wehrtürme der alten Stadtbefestigung spiegeln sich in den Wassern der Ill

Neben der Krypta erhebt sich die berühmte *astronomische Uhr*, ein Wunderwerk der Technik. Sie berücksichtigt sogar die Pendelbewegungen der Erdachse, und das langsamste Rädchen des Werkes braucht 25 800 Jahre für eine Umdrehung. Das Uhrgehäuse wurde vom Schaffhauser *Tobias Stimmer* bemalt, der im 16. Jh. als Illustrator von Büchern in Strassburg arbeitete. Strassburg war damals, wie Basel, eine Hochburg der Buchdruckerkunst.

Vor der astronomischen Uhr stützt der gewaltige *Engelspfeiler* mit Evangelisten (unten) und Engeln (oben) das hohe Gewölbe. Laut Sage hat beim Bau des Gewölbes ein zuschauender Bauer vor dem Baumeister Zweifel an der Festigkeit des Pfeilers geäussert. Der Baumeister konterfeite daraufhin den Zweifler in Stein und setzte ihn auf ein Geländer gegenüber dem Engelspfeiler. Dort solle er auf den Einsturz warten. Er wartet immer noch.

Neben der astronomischen Uhr verlässt man den Raum durch das *Südportal*, ein romanisches Doppelportal, dessen ganzer Reiz nach aussen gekehrt ist. Links und rechts vom Doppelportal stehen zwei berühmte weibliche Figuren, die *Ecclesia* und die *Synagoge* (mit verbundenen Augen). Nach Besichtigung der Schiffe samt Kaiserfenster (im Norden unter der Orgel), der von *Hans Hammer* reichlich verzierten Kanzel und des spätgotischen Laurentius-Portals auf der Nordseite des Münsters (aussen), sollte man den Bau bis zur *Plattform* (66 m) besteigen und von hier den Blick über die Stadt und von den Vogesen zum Schwarzwald schweifen lassen. Mit dieser Besteigung, die wir in unsere Strassburger Wanderung einbauen, kommen sogar die Bergkraxler auf ihre Rechnung (66 m!).

Hinter dem Platz, an der Südseite des Münsters, liegt das rechteckig angelegte *Rohanschloss* mit verschiedenen Museen, rechts davon das *Frauenhaus-Museum (Musée de l'Œuvre Notre-Dame)*. In diesem befinden sich die Originale verschiedener Skulpturen, die am Münster ersetzt wurden.

Von der Terrasse zwischen Rohanschloss und Ill gehen wir wieder flussabwärts zum Ufer. Nach 150 m erreichen wir eine kleine Metallbrücke und nach weiteren 160 m den *Pont St-Guillaume/Wilhelmerbrücke* mit rechterseits der *Wilhelmerkirche*, von der die Glasmalereien des *Walburger Meisters* (1461) und des *Peter Hemmel von Andlau* (1462–67) mit Recht gelobt werden.

Rund 80 m weiter gelangen wir an den Punkt, wo die beiden Arme der Ill sich wieder vereinigen. Wir gehen nun 500 m dem gleichen Ufer entlang bis zur 5. Brücke. Bei dieser erblicken wir über dem jenseitigen Ufer den hohen merkwürdig abgerundeten Turm des *Kaiserpalastes* (heute *Palais du Rhin*), der uns an die Wilhelminische Zeit des Elsass erinnert (1870–1918). Hier, beim *Opernhaus*, gleich hinter der 5. Brücke, steigen wir hoch, gehen nach links zur runden Rückseite des Opernhauses und von hier nach rechts zum Broglie-Platz, der uns mit dem *alten Rathaus* (1730–1736) und dem klassizistischen *Opernhaus* (1800–1821) vornehmlich in französische Zeiten versetzt.

Wir begeben uns alsdann über die Ill in den Park vor den Kaiserpalast. Wenn wir diesem ästhetisch umstrittenen Bau den Rücken zukehren, erblicken wir links vor uns die *Universitätsbibliothek*, rechts das *Schauspielhaus* mit *Konservatorium* (von 1911 bis 1918 Landtagsgebäude) und in der Mitte die breite lange Allee, die zur *Universität* führt, welche zwischen 1879 und 1884 im Stil der italienischen Renaissance gebaut wurde. Von dem Brantplatz, zur Linken der *Universität*, brächte uns die *Avenue de la Robertsau* zum ästhetisch ebenfalls umstrittenen, bunkerartigen *Europahaus* und zu Strassburgs schönstem Park, der *Orangerie*.

Den Abstecher vom Kaiserpalast zur Orangerie kann man sich auch ersparen. Dann steigen wir vom Opernhaus wieder hinab zum Ufer der Ill. Bei der nächsten (330 m entfernten) Brücke erblicken wir rechts das *Gericht* mit der Vorderfront eines griechischen Tempels und daneben die neuromanische, katholische Jung-Sankt-Peter-Kirche (1889–1893), deren sandsteinrote Masse breitschultrig unter einer grossen, mit Grünspan überzogenen Kuppel kauert.

Gleich nach dieser Brücke verlassen wir wieder unseren naturbelassenen Weg, gehen oben auf dem Trottoir in der bisherigen Richtung weiter bis zur nächsten Brücke, auf deren Höhe wir nach links in die breite *Rue de la Nuée Bleue (Blauwolkengasse)* einbiegen, um 100 m weiter die protestantische *Jung-Sankt-Peter-Kirche* zu erreichen. Zwischen dem Chor und dem Langhaus dieser nach 1290 neu erbauten Kirche ist noch ein Lettner des 14. Jahrhunderts mit Wandmalereien von 1620 erhalten. An der nördlichen Seite des Baues beeindruckt ein kleiner Kreuzgang durch seine klösterlich weltentrückte Abgeschiedenheit.

Nun hätten Sie, werter Stadtwanderer und Münsterkraxler, bei diesem eintägigen Bummel schon sehr viele Strassburger Köstlichkeiten mitbekommen. Von der Jung-Sankt-Peter-Kirche könnten Sie wieder zum Zentrum streben – irgendwo ist der Münsterturm immer sichtbar. Sie kämen dabei am Kleberplatz vorbei, wo zur Zeit der Revolution die Guillotine aufgestellt war. Sie könnten noch einmal in den Gässchen beim Münster lustwandeln und die vielen Schnitzereien auf den Balken des *Kammerzell-Hauses* neben dem Münster genauer ansehen.

Es könnte auch sein, dass Sie jetzt denken, genug der kulturellen Reden, lasst uns endlich kulinarische Taten sehen, wobei Sie in einer der vielen Weinstuben bald entdecken würden, dass auch hier, auf dem gedeckten Tisch, Kultur grossgeschrieben wird. Manche Speisekarte mutet an wie ein Gedicht...

Wenn Sie aber bei der zweiten *Jung-Sankt-Peter-Kirche* merken, dass Ihnen bis zum nächsten Zug nur noch wenig Zeit übrig bleibt, rate ich Ihnen, an das verlassene Ufer der Ill beim Gerichtsstempel zurückzukehren. Nach 160 m gelangen Sie zur nächsten Brücke, nach weiteren 260 m zur übernächsten, nach 70 m zur dritten, nach weiteren 150 m zur vierten und nach nochmals 180 m zur fünften, vor der Sie hochsteigen müssen, denn Sie sind nun an der Ihnen bereits bekannten *Kuss-Strasse* angelangt, 250 m vom Bahnhof entfernt.

Ein Besuch in Strassburg ist viel angenehmer mit dem Zug als mit dem Auto. Letzteres ist oft schwer zu parken und sein Koffer mit ausländischem Schild könnte, besonders des Abends oder in der Nacht, sündhaftes Begehren erwecken.

24 Ein kleines Versailles (Saverne)

Von Saverne/Zabern über die Ruinen Hohbarr, Gross-Geroldseck und Klein-Geroldseck zum Hexentisch, dann über den Brotschberg zum Forsthaus Schaeferplatz. Zurück über den Sentier du Président (Pfad des Präsidenten).

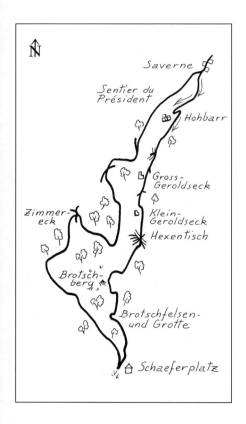

Von den kunstvollen Gassen des Städtleins Zabern steigen wir auf schönen Wanderwegen zu Burgen und roten Felsengebilden, welche die Wälder überragen und eine weite Aussicht über das nördliche Elsass gewähren.

Ausgangsort: Saverne/Zabern
Gehzeit: 4½ Stunden
Weglänge: 16 km
Höhenunterschied: 350 m
Karten: Carte du Club Vosgien, Saverne 1:50 000. Carte du Club Vosgien, Saverne Phalsbourg La Petite-Pierre 1:25 000
Verpflegung und Unterkunft: In Saverne: 8 Hotel-Restaurants, 4 Restaurants. Jugendherberge (Auberge de la Jeunesse) im Rohan-Schloss, Tel. 003388-91 14 84
Zeltplatz: Terrain municipal ***, Tel. 003388-91 35 65
Hin- und Rückreise: Bahn oder Auto. Autofahrer parken am westlichen Ende der Stadt, wo die Rue du Général Leclerc den Waldrand erreicht
Verkehrsbüro: 67 700 Saverne, 003388-91 80 47 oder 91 18 52

Wir verlassen den Zaberner Bahnhof nach links. Nach 200 m kurvt die Strasse nach rechts und überquert einen Bach, die *Zorn.* Vor uns breitet der *Marne-Rhein-Kanal* sein spiegelglattes Wasser aus, hinter dem sich rechterseits die rote Fassade des *Rohan-Schlosses* erhebt. Wir gehen nach rechts entlang dem Kanal und erreichen nach 300 m die Kanalbrücke. Hier kurven wir nach links über die Brücke in die Hauptstrasse des Ortes, die *Grand'rue,* und erreichen nach einigen Schritten den *Place du Général de Gaulle* mit der Hinterfront des Rohan-Schlosses.

Die Arbeiten am klassizistischen Bau aus rotem Sandstein begannen 1779 und waren bei Ausbruch der Revolution 1789 noch nicht beendet. Auftraggeber war *Kardinal Louis de Rohan,* Bischof von Strassburg, der einen aufwendigen Lebenswandel führte und sich hier, in der hintersten Provinz, ein kleines *Versailles* leisten wollte. Der Chronist und Rohansche Generalvikar schreibt, dass «in dem beinahe königlich zu nennenden Palais in Zabern . . . man siebenhundert Betten zählt, einhundertachtzig Pferde, vierzehn Maîtres d'Hôtel, fünfundzwanzig Kammerdiener . . . Manchmal gibt der Kardinal zweihundert Gästen samt Dienerschaft Wohnung. Jederzeit findet man bei ihm zwanzig bis dreissig liebenswürdige Damen der Provinz. Diese Zahl wird oft erhöht durch den Besuch von Damen des Hofes oder Pariserinnen.» Nicht genug! Der Kardinal entbrannte auch noch in heisser Leidenschaft zur französischen Königin *Marie Antoinette,* der Gattin Ludwigs XVI. Vor lauter Aussichtslosigkeit kaufte er ihr ein sehr teures Halsband, das er nicht bezahlen konnte und das obendrein in die falschen Hände geriet. So kam es zur berühmten Halsbandaffäre. Heute birgt das Schloss ein *Museum* (Archäologie, Kunst und Geschichte) sowie eine *Jugendherberge.*

Die weniger attraktive Rückseite des Schlosses öffnet sich zur Stadtmitte hin. Hundert Meter vor ihr verläuft die Hauptstrasse. Wir begehen sie bergan und bewundern rechts eines der schönsten Fachwerkhäuser des Elsass, das *Katz-Haus* (1605), mit prächtig geschnitzten Balken. Fast am höchsten Punkt der *Grand'Rue* biegen wir nach rechts in die *Rue des Eglises* und gehen geradeaus bis zur vor uns stehenden Kirche, dann wenden wir uns nach rechts über den Parkplatz zur zügig steigenden *Rue du Général Leclerc*, die nach etwa einem Kilometer den Waldrand erreicht. Hier kann man das Auto abstellen.

Die Markierung *roter Balken* wird uns den Weg weisen. Sie führt laut Schild in 30 Min. zum Hohbarr (Haut-Barr), in 50 Min. zum *Gross-Geroldseck*, in 1 Std. 5 Min. zum *Klein-Geroldseck*, in 1 Std. 20 Min. zum *Hexentisch*, in 1 Std. 50 Min. zum höchsten Punkt, dem *Brotschturm (Tour du Brotsch)*. Ein *blaues Kreuz* würde uns in 1 Std. 45 Min. zum Forsthaus *Schaeferplatz* begleiten. Das wird unser Rückweg sein. Vorerst halten wir uns an den *roten Balken*.

Rund 10 Min. nach dem Start am Waldrand gelangen wir an eine Gabelung, bei der wir uns links halten. Nach zwei Minuten sind wir auf dem *botanischen Pfad*, einem Waldlehrpfad *(sentier botanique silvicole)*. Wo wir 10 Min. später auf einen Querweg stossen, biegen wir in diesen nach links, wandern kurz entgegen der bisherigen Richtung, um dann wieder mit unserem Weg nach rechts zu kurven und nach wenigen Minuten vor dem Hohbarr *(Haut-Barr)* zu stehen.

Die Ruine Hohbarr verteilt sich auf drei riesige Sandsteinsockel (470 m). Noch recht gut erhalten ist die alte romanische Burgkapelle, teilweise aus der Zeit um 1200. Das *Restaurant gastronomique du Haut-Barr*, dessen schöner Fachwerkbau 1901 inmitten der Ruine erbaut wurde, ist ganzjährig geöffnet und bietet auch elsässische Spezialitäten. Vom Hohbarr, der eine weite Aussicht über die nordelsässische Ebene gewährt, sieht man bei sehr klarem Wetter das Strassburger Münster. Schon 1414, auf dem *Konstanzer Konzil*, wurde die Burg von einem Strassburger Gesandten als das Auge des Elsass bezeichnet. Vom Hohbarr sieht man im Norden, jenseits des Zorntales, die Ruine Greifenstein und im Westen den Turm der Ruine *Gross-Geroldseck*, unser nächstes Ziel.

Die Richtung Gross-Geroldseck einschlagend, erreichen wir nach 200 m den *Tour de Chappe* (Telegraph), der es erlaubte, durch Signale an weitere Türme Botschaften zwischen Paris und Strassburg zirkulieren zu lassen. Wir gehen in wenigen Minuten zu einem flachen Sattel bei der Strasse. Ein *rotes Andreaskreuz* lockt uns zur Ruine Gross-Geroldseck. *Achtung:* 3 Min. nach dem flachen Sattel kommen wir an eine Gabelung, wo wir uns rechts halten müssen (Markierung hier nicht eindeutig, 1990). Nach einer kurzen, starken Steigung gelangen wir zum Gross-Geroldseck. Hier oder in einer gleichnamigen lothringischen Burg sollen die alten Recken der Heldenlieder – Leute wie Siegfried und Ariovist – schlafen und erst erwachen, wenn das Elsass in Gefahr ist. Seit vielen Jahrhunderten erfreuen sie sich eines tiefen Schlafes. Die Burg gilt als Stammsitz der Ortenauer Herren von Geroldseck.

Von hier erreichen wir über den Geroldseck-Sattel in 10 Min. die Ruine *Klein-Geroldseck*, die wie

Hohbarr mit Restaurant

Ihre grössere Schwester für den Schutz der Abtei *Mauersmünster* (heute Marmoutier) zuständig war. Der *rote Balken* bringt uns dann in 5 Min. zum *Hexentisch*. Von hier erreicht man in 25 Min. den *Brotschturm*. Beim Hexentisch, hinter einer grossen Anschlagtafel, beginnt unser Pfad. 7 Min. später mündet er in einen Weg, den wir bereits nach 2 Min. für einen halbrechts abzweigenden Pfad verlassen. Der *Brotschturm* auf dem *Brotschberg* (530 m) gewährt eine weite Aussicht auf die nordelsässische Ebene bei Zabern.

Vom Brotschturm geht es mit *rotem Balken* Richtung *Brotsch-Felsen (Rocher du Brotsch)* und *Forsthaus Schaeferplatz*. Achtung: Nach 3 Min. weist ein *roter Balken*, der mitten im Weg auf den Boden gezeichnet wurde und nicht gut sichtbar ist, nach links. 10 m weiter kurven wir gleich wieder nach halbrechts und kommen so ohne Problem zum *Brotsch-Felsen* und, unter ihm, zur *Brotsch-Grotte*. Diese erweckt in mir Erinnerungen an die Minne- oder Liebesgrotte, die der Epiker und Minnesänger *Gottfried von Strassburg* um 1200 in seiner Verserzählung *Tristan und Isolde* beschrieb. Uns abwärts treiben lassend gelangen wir zum *Forsthaus Schaeferplatz,* wo ein breiter Waldweg nach rechts abbiegt.

Sein *blaues Kreuz* weist nach *Zimmereck* und *Saverne*. Es trennen sich von uns nach etwa 5 und 15 Min. zwei grasige Wege halbrechts, nach 17 Min. ein breiter Weg halblinks, die wir alle nicht beachten. 35 Min. nach unserem

Weggang vom Forsthaus Schaeferplatz erreichen wir das *Zimmereck,* wo unser Weg fast spitzwinkelig nach rechts biegt. Nach dem Zimmereck sieht man links oben die Burg Gross-Geroldseck. *Achtung:* Rund 35 Min. später, wo unser breiter Weg ziemlich abfällt, beginnt halbrechts, mit *blauem Kreuz* steigend, der *Pfad des Präsidenten,* der uns in einer Viertelstunde zur Strasse bringt, die vom Hohbarr nach Zabern (Saverne) führt. Auf dieser gelangen wir über wenige hundert Meter in ein uns bereits bekanntes Gebiet.

Bei diesem letzten Teil der Wanderung sehen wir gelegentlich linker Hand durch die Bäume auf der anderen Seite des Zorn-Tales die Ruine *Greifenstein,* wo laut Sage eine Weisse Dame gespukt haben soll. Zuweilen hört man ein Rumoren, das aus den Tiefen des Tales hochsteigt. Das kommt nicht vom Lindwurm der alten Sage, sondern vom Schnellzug, der Strassburg mit Paris verbindet, und der sich hier durch das enge Vogesental hindurchschlängelt.

25 Auf den Spuren des Minnesängers Konrad Puller von Hohenburg beim Fleckenstein

Von Lembach über den Gimbelhof, die Hohenburg und den Fleckenstein, abwärts zum Fleckenstein-Weiher und zurück entlang der Sauer.

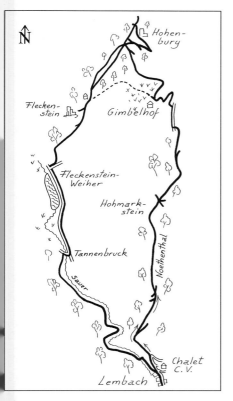

Manche sandsteinrote Felsen dieser Gegend ragen wie riesige Menhire über die Wälder und scheinen aus alten Mythen in unsere Zeit hinübergerettet, während die ebenfalls roten Burgen von der doch fragwürdigen Herrlichkeit der mittelalterlichen Ritter erzählen.

Ausgangsort: Lembach bei Wissembourg/Weissenburg
Gehzeit: 4 Stunden
Weglänge: 14 km
Höhenunterschied: 350 m
Karten: Carte du Club Vosgien, *Vosges du Nord* 1:50 000. Carte du Club Vosgien, *Niederbronn-les-Bains Lembach* 1:25 000
Verpflegung und Unterkunft: Auskunft betreffend Übernachtung im *Chalet des Vogesen-Clubs*, Tel. 003388-94 44 79 (Preis 1990: 40 FF die Nacht, 25 FF für Kinder bis zum 12. Lebensjahr). *Gimbelhof* (Hotel-Restaurant), Tel. 003388-94 43 58. In Lembach: 1 Restaurant****: *Le Cheval Blanc*, Tel. 003388-94 41 86 (man sollte reservieren); 2 Hotels. 1 Restaurant*. Bei Lembach: Hotel-Restaurant *Cheval blanc***, Tel. 003388-09 55 31, in Niedersteinbach. Hotel-Restaurant *Anthon****, Tel. 003388-09 55 01, in Obersteinbach
Zeltplatz: Camping Fleckenstein (****), Tel. 003388-94 40 38
Fischen: Auf dem Zeltplatz des Fleckenstein-Weihers kann man für 13 FF am Tag (Preis 1989) fischen
Hin- und Rückreise: Auto
Verkehrsbüro: 67 510 Lembach, Tel. 003388-94 43 16

Hinweise/Bemerkungen:
Man könnte die Wanderung um 5 km kürzen, wenn man am südlichen Ende des Fleckenstein-Weihers mit *weisser Scheibe* nach Osten abböge. Man käme in etwa ½ Std. zum Gimbelhof und würde die Wanderung wie oben beschrieben fortsetzen. Mehr über die nordelsässischen und pfälzischen Burgen (Geschichte, Architektur, Verteidigung, Lehensherren...) erfährt man im *Maison des Châteaux forts des Vosges du Nord* (Haus der Burgen) in Obersteinbach, 10 km westlich von Lembach (Auskünfte betreffend Öffnungszeiten: Tel. 003388-09 50 65 oder 003388-09 55 26).

Von Süden kommend fahren wir durch das ganze Dorf *Lembach* in nördlicher Richtung. Bei den letzten Häusern steigt ein Strässlein rechterseits in den Wald. Von diesem geraden Strässlein könnten wir bei der zweiten Abzweigung nach rechts zur *Hütte des Vogesen-Clubs* abschwenken, wo uns Getränke zu Gebote stünden und wo das Auspacken unserer eigenen Vesperbrote gestattet wäre. Aber es ist noch nicht die Zeit der Vesper. Wir werden am Abend hierher zurückkommen. Unsere nächsten Ziele sind jetzt *Hohmarkstein* und *Gimbelhof* mit *rot-weiss-rotem* Balken.

In der spitzwinkeligen Kurve, die von unserem Strässlein nach 3 Min. gezeichnet wird, gehen wir geradeaus weiter. Nach 30 m gelangen wir auf einen breiteren Waldweg, auf dem wir rund 5 Min. in der bisherigen Richtung weitergehen. Wo der breitere Weg nach rechts abschwenkt, halten wir uns mehr links (nicht ganz links) und gelangen nach 10 Min. an eine Wegspinne. Von den 3 aufwärts strebenden Wegen nehmen wir den mittleren und steigen

Fleckenstein 1532 (nach einem Wandteppich) und 1990 (unten)

auf der linken Flanke des *Noehenthales* in rund 25 Min. bis zu einer Wegspinne, dem *Hohmarkstein* (370 m), wo ein Schildchen uns voraussagt, wir würden in 45 Min. im *Gimbelhof* eintreffen. Immer etwa in gleicher Richtung gehen wir auf einem sanft abfallenden breiten Weg weiter. Nach rund 10 Min. verlassen wir diesen Weg für einen schmäleren, der halblinks absteigt, und gelangen in fast 10 Min. auf das geteerte Strässlein, das vom Fleckenstein-Weiher *(Etang du Fleckenstein)* zum *Gimbelhof* führt. Wir kurven nach rechts in das steigende Strässlein, von dem bereits nach 3 Min. ein Weg nach links erst abfällt, dann aber zügig im Zickzack steigt und zum *Gimbelhof*, einem Hotel-Restaurant mit ländlichem Charakter und Charme, führt.

Hier könnten wir gleich nach links abbiegen und, abkürzend, die Burgruine *Fleckenstein* in

¼ Std. erreichen (immer mit *rotem Balken* auf dem breitesten Weg bleiben). Fit wie wir immer noch sind, werden wir stattdessen einen fast anderthalbstündigen Umweg mit zwei weiteren Burgruinen und einem Feenbrunnen unter die Füsse nehmen. Oder besser: Die Müden könnten sich hier von den Mutigen oder Fiteren trennen und man träfe sich wieder in umgekehrter Verfassung am Fleckenstein.

Die momentan Fiteren folgen also der *weissen Scheibe* Richtung *Maidebrunnen* (40 Min.) und *Hohenburg* (55 Min.). Sie begehen den aufwärts strebenden, mit rotem Sand bepuderten Weg am rechten Rand einer Wiese, an deren Ende sie nach links kurven und nicht wenig erstaunt sind über die merkwürdigen riesigen Felsengebilde des *Krappefels'*, die sich über ihren Häuptern hervortun. *Krappe* ist der mundartliche Ausdruck für *Raben*. Von der höheren Warte solcher Rabenfelsen sollen die 2 Raben *Hugin* und *Munin* die Welt beobachtet haben, um ihrem himmlischen Chef, dem *Wodan*, über das irdische Treiben zu berichten, denn sie waren die ersten Journalisten. Rabenfelsen, die in allen Teilen der Vogesen vorkommen, gewähren immer eine gute Aussicht über die umliegenden Wälder.

Kurz nach unserem Blick zum *Krappefels* biegt unser Pfad nach rechts hoch und überquert einen breiten Weg. Nach rund 20 Min. zügigen Steigens stossen wir auf einen breiten Waldweg, gehen 20 m nach links bis zu einem relativ grossen Platz. Wir kurven nach rechts und 10 m weiter gleich wieder nach rechts. Nach 2 Min. gelangen wir an einen breiten Weg, in den wir nach links einbiegen. Nach 100 m erblicken wir rechts, hoch oben, die Ruine Hohenburg. Die Fitesten können hier direkt hochstürmen.

Leute gesetzteren Alters aber gehen weiter, umgehen den Bergkegel teilweise und erreichen 5 Min. später einen rechts hochsteigenden Pfad und gleich danach eine rechtwinkelige Wegkreuzung. Rechter Hand gelangt man hier in wenigen Schritten zum *Maidebrunnen* (530 m), wo eine Weisse Dame als Quellfee gespukt haben soll. Von hier aus geht's weiter zur 23 m höher liegenden *Hohenburg*.

Die ältesten Teile der Burg (553 m) stammen aus den Jahren um 1220, während das schöne Portal des Einganges formal der Renaissance verpflichtet ist. Hier lebte einst der Minnesänger *Konrad Puller von Hohenburg*, der im Jahre 1276 für *Rudolf von Habsburg* in Böhmen kämpfen musste. Für seine im Elsass verbliebene Geliebte dichtete er damals die Verse: *Will ieman gegen Elsazen lant / der sol der lieben tuon bekant / daz ich mich senen... / Si schouwen solde ich / so waere ich ein saelik man / vremde mak villihte schaden mir.*

Von der *Hohenburg* erreichen wir in 5 Min. den *Löwenstein*, die felsige Basis einer früheren Burg, wo kein Stein auf dem anderen geblieben ist. Man sieht nur noch im Felsen die Löcher, in denen die Balken befestigt waren sowie einige in den Felsen gehauene Zimmer. Hier hauste einst der gefürchtete Raubritter *Linden-*

schmied (oder *Linkenschmied*), der schlauerweise seine Pferde verkehrt beschlug, um seine Verfolger irrezuführen und zu verwirren. Vom Löwenstein ist der *Flekkenstein* in 40 Min. zu erreichen. Der absteigende Pfad bringt uns auf einen kontrapunktisch sanft ansteigenden breiten Weg, den wir gleich nach links verlassen. Diese Ecke kennen wir vom Aufstieg her. So kommen wir auf den uns schon bekannten relativ grossen Platz, wo wir geradeaus weitergehen, um nach einigen Schritten an eine Gabelung zu gelangen. Links geht es mit *rotem Dreieck* über den *Felsenpfad* zum Fleckenstein. Wie man im Leben oft um der Schönheit willen leiden muss, so ist auch hier der schönere Weg, der *Felsenpfad*, der schwierigere. Beide Wege enden beim *Forsthaus Fleckenstein*.

Der Felsen, der die kühn gebaute Burg trug, ist etwa 40 m hoch und 125 m lang. Die riesige sandsteinrote Masse beinhaltet, nach dem Prinzip des Schweizerkäses, viele Hohlräume, von denen der grösste als ein kleines Museum eingerichtet ist. Diesem imposanten Felsenkoloss ist, wie ein Ableger, ein schlanker hochstrebender Felsen mit Innentreppe vorgelagert. Die Herren von Flekkenstein samt Damen, die 1129 im Gefolge der Hohenstaufen erschienen, waren im Unteren Elsass die mächtigsten Herren nach denen von *Lichtenberg*. 1274 eroberte *Rudolf von Habsburg* die Feste, um den dort inhaftierten Bischof von Speyer zu befreien. Im 15. Jh. wurde ein Fleckensteiner Bischof von Basel. *Montclar*, ein General des Sonnenkönigs, zerstörte die Burg um 1680.

Unterhalb der Burg, wo am Waldrand der Parkplatz beginnt, weist ein *rotes Dreieck* abwärts nach *Lembach* (1 Std. 20 Min.). Wir gehen in ¼ Std. zur *Fleckenstein-Strasse*, die gleich in die nach Lembach führende Strasse mündet. Auf der rechten Seite dieser Strasse erblicken wir einen umfangreichen Stauweiher *(Etang du Fleckenstein)* mit Zeltplatz. Nachdem wir gezwungenermassen 1,4 km auf geteerter Strasse zurückgelegt haben, kurven wir nach rechts über die Sauer-Brükke.

Ein mit *rotem Dreieck* markierter Weg führt uns von der *Tannenbruck* in etwa 40 Min. entlang der Sauer nach Lembach in die Nähe der Hütte des Vogesen-Clubs, wohin wir nun abschwenken, um unseren Durst zu stillen und die letzten Vesperbrote aus dem Rucksack herauszuholen.

Hugo
Eichenberger

**Wandern mit
dem U-Abo**

128 Seiten mit Fotos und Routenskizzen.
Kartoniert, Fr. 19.80

Im Tarifverbund der Nordwestschweiz (TNW) ist zum erstenmal in der Schweiz und in Europa der öffentliche Personenverkehr einer ganzen Region zusammengefasst und tariflich vereinheitlicht worden. Mit dem Umweltschutzabonnement (U-Abo) können die öffentlichen Transportmittel (Eisenbahn, Postauto, Bus, Tram usw.) in der ganzen Nordwestschweiz unbeschränkt und unentgeltlich benützt werden.

Die Wandervorschläge führen aus den zentralen Gebieten hinaus an die Peripherie des Tarifverbundes, in entferntere und oft auch entlegene Gegenden. Der Wanderer wird ermutigt, die gewohnten Routen zu verlassen und unbekannte Landschaften kennenzulernen oder bekannte neu zu entdecken. Jede Wanderung soll zu einem Erlebnis werden und zeigen, dass auch in der nächsten Umgebung überraschend viel Schönes und Unvertrautes zu finden ist.

Friedrich Reinhardt Verlag Basel

Basel Bâle Basle

36 Seiten mit 16 ganzseitigen Abbildungen.
Fr. 9.80

Der Autor Markus Fürstenberger erweist sich durch seine vielen Vorträge und Führungen als einer der besten Kenner von Basel. In kurzen Kapiteln, die durch ganzseitige Farbfotos illustriert sind, wird Basel umfassend dargestellt. Die Texte sind in deutscher, französischer und englischer Sprache wiedergegeben – ein idealer Stadtführer also für jedermann.

Friedrich Reinhardt Verlag Basel